聖書が解る10の扉

流れをとらえ、自分で読み通すために

原 雅幸［著］

いのちのことば社

はじめに

ある冬の日。私たちの教会に、一人の青年男性が訪ねてきました。人生で大切なことは宗教なのではないか。彼は自分の経験からそのように思い立ち、聖書について学びたいと教会の「扉」を叩いてくれたのです。平日夜の祈り会が、彼の来られる唯一の機会でした。そこで、彼と一緒に聖書と向き合うにはどうしたらよいかを思案することになりました。

そしてたどり着いたのが、聖書全巻をいくつかのテーマで「串刺し」にして学ぶシリーズです。聖書全体を見通す方法の中で、一番オーソドックスなものは時系列に歴史を追うように読むことでしょう。けれども聖書の扱う時間は膨大なので、初めから終わりまで語ろうとすると、祈り会という限られた時間では、細切れにするほかありません。そうこうしているうちに、最初のほうは何だったのか、筋がわからなくなる恐れがあります。そこで考えついたのが、毎回テーマを一つ取り上げ、そのテーマの進展に絞って初めから終わりまで追いかける方法です。一回完結で、そのテーマの辞書を作るかのような感覚で取り組みます。しかし歴史的展開に沿って解説することで、発端が何か（起）、古代イスラエルの歴史においてどのように展開され（承）、イエス・キリストによって何が起こり（転）、私たちとどのように関連して完結するのか（結）をたどれるように構成しました。テーマに沿って、創世記から黙示録までを何度もたどり直すことで、聖書全体の流れや筋を体得できるように意図したのです。

実際に準備を進めていくと、テーマが異なっても、同じ聖書箇所を取り上げることが幾度もありました。それはちょうど交差点のように、聖書全体の流れの中で、重要な箇所なのです。それがどこなのかを知り、その箇所を押さえることは聖書の入門者には必須でしょう。さらに選ばれたテーマごとに、光を当てられる神様のご性質があり、描き出される人間の罪の実相があり、十字架の救いの輝きがあることにも気づきます。実習に来ていた神学生からもフィードバックをもらいながら、改めて聖書の豊かさに心躍る時間となりました。

このようにして本書は出来上がりました。教会の「扉」を叩いてくれた彼に、聖書をひもとく「扉」としての枠組みを届けようと思い準備しましたが、殊の外、祈り会に出席しているクリスチャンの方々が喜んでくださいました。クリスチャンとして長く聖書を読んでいても、断片的な理解にとどまり、流れとして聖書が読めていない方は案外多いのかもしれません。

聖書という壮大な書物を、自力で読めるようにすることは、牧師であれば誰でも腐心することでしょう。私のこの小さなチャレンジが、同じ空の下で奮闘しているどなたかの助けになればと願い、本書を送り出します。むろん10の扉さえあれば、聖書が難なく読めるようになるとは到底思いません。けれども、見通しを明るくできたらと思います。ぜひ「扉」を開け、聖書の世界に飛び込んでみてください！

二〇二一年　ペンテコステ

キリスト教たんぽぽ教会　牧師　原　雅幸

目次

第1の扉——創　造

本書では、十回にわたって聖書の大切なポイントを押さえていく学びをしていきます。キイワード（鍵）を用いて、聖書の扉を開けていく、そんなイメージです。第一回目のキイワードは「創造」です。

起 まず、創世記1章1節を開きましょう。聖書の冒頭は、創造の叙述で始まります。

はじめに神が天と地を創造された。

このみことばは、多くの人の人生を根底から造り変えてきました。「天と地」というのは、宇宙全体、世界全体を意味する熟語です。世界の存在よりも先に、神が存在するということ。これが最初に知らされる真理です。古代の多くの神話的文献では、神々はどこからともなく生み出されるものでした。しかし聖書では、神は永遠のはじめから存在され、初めも終わりもないのです。このような神を描く書物は、聖書以外にないと言っていいでしょう。日本には八百万《やおよろず》の神と呼ばれる神々の世界が伝えられていますが、この神的存在と、聖書の神とはスケールがまったく違います。宇宙の外側にいて、宇宙を包み込むことができるのが、聖書の神です。

そして「創造」ということから、意図と計画があることがわかります。世界は偶発的にあるのではなく、意図と計画のうちに用意されたのです。創造するという動詞（ヘブル語で「バラー」）には、モノを存在するようにするという意味があります。当然のこと、物質が生まれることは含まれますが、ヘブル語の強調点は、意味と目的です。無意味なものは、存在しないのと同じ。これが古代ヘブル人の考えでした。意味、役割をもつことが、存在することの中心だったのです。ですから、神が世界を創造し、私たち人類を創造したというときに、物理的にどのようなプロセスでそれが行われたのかということは聖書の関心事ではありません。それは現代科学の関心事であり、科学が解明すればよいことです。

でも科学がプロセスを解明しても、人は自分が存在する意味を見出すことはできません。ここにいる私たちは、両親の精子と卵子が結合して生まれてきました。そのプロセスを見ようと思えば観察することは可能でしょう。しかしそのプロセスをいくら眺めていても、生まれてきた意味は見出せません。プロセスだけなら、偶然の産物とも見えるのです。しかし、「神が創造された」となれば、話は変わります。このいのちが生きるように意図と計画があったのです。私たちも何かしらのモノを作りますが、製作者の意図というものが必ずあります。それを知らなければ、役立たないということもあります。製作者に聞けば、造られたものの意味ははっきりします。ですから、どのように生きればよいのか、これも創造者に聞けばよいのです。

聖書は、科学的なプロセスこそ描きませんが、意味を与える創造のプロセスはしっかりと描いています。それは、神のことばと神の霊（御霊《みたま》とも言う）の働きです。創世記1章2～3節を見てください。神の意思に従い、神のことばと御霊の共同作業によって、世界は意味、機能、役割が形づくられていく、そのさまが創世記1章で描かれるのです。

地は茫漠として何もなく、闇が大水の面《おもて》の上にあり、神の霊がその水の面《おもて》を動いていた。神は仰せられた。「光、あれ。」すると光があった。

承　この創造の働きは、創世記1章で終わったわけではありません。「新しい創造」ということが聖書全巻で展開されていきます。創世記1章で形づくられた世界は、人間が重要な役割を担う「要《かなめ》」として完成します。しかし、人間は、神の意図と計画から外れて、自分勝手な道に進んでしまいました。それゆえ、世界は調和が崩れたものになってしまったのです。神の完璧な美しさ、麗しさが、あちらこちらに残っていますが、神が意図したのではない悲惨が、それ以上に猛威を振るうことになったのです。

このような中で神はどうすることを考えたのか。それが「新しい創造」です。イザヤ書65章17節に、神の考えと実行への決意が宣言されています。

「見よ、わたしは新しい天と新しい地を創造する。」

ここで「新しい」と言われるのは、異質な新しさではなく、リニューアルという意味の新しさ、古いものを用いて刷新するという意味の新しさです。新しい創造のために、最初に手をつけるのは人間です。人間が世界の「要」であるので、人間をまず新しくします。それから、世界全体を回復させる。これが神の救いの計画となりました。そして、ここでも最初の創造と同じ原理が使われます。神のことばと御霊の働きです。

転 神のことばが語られ、御霊がそれを聞く者の心に働いて、神のほうに心を向けさせ、神を信頼することを教えてくださいます。するとそのときから、その人のうちに「新しい創造」が始まるのです。コリント人への手紙第二5章17節をご覧ください。

ですから、だれでもキリストのうちにあるなら、その人は新しく造られた者です。古いものは過ぎ去って、見よ、すべてが新しくなりました。

最初の創造においても、大事なのは物質的な要素より意味と役割でした。ですから新しい創造の場合も、大事なのは意味と役割です。神が造られたこの世界のために、私たちが重要な役割をもっているということ、神のために働くとき私たちはもっとも幸福になれること。神を中心とした新しいアイデンティティをもつことが、新しい創造の中心です。

結 そしてそのようにして霊的に内面が刷新されると、人格も新しく、麗しく変えられていきます。神との完全な調和と一致が最終的なゴールです。これを目指して生きるとき、この肉体が終わりを迎えた後に、新しい物質的なからだを私たちはいただく（よみがえる）ことになるのはある意味で当然のことと言えるでしょう。それでこのように言われます。

朽ちるもので蒔かれ、朽ちないものによみがえらされ、卑しいもので蒔かれ、栄光あるものによみがえらされ、弱いもので蒔かれ、力あるものによみがえらされ、血肉のからだで蒔かれ、御霊に属するからだによみがえらされるのです。血肉のからだがあるのですから、御霊のからだもあるのです。（コリント人への手紙第一15章42～44節）

聖書は創造から始まって、新しい創造で結ばれる大きな物語です。私たちは、今ここで、神のことばと御霊によって、新しく造られることができ、そこからさらに更新、刷新されていくことができます。人間の新しい創造の先に全宇宙の刷新が控えています。

また私は、新しい天と新しい地を見た。（ヨハネの黙示録21章1節a）

この大きな枠をもって、聖書を学んでいくと、私たちは一つ一つの教えや物語を適切に位置づけることができるのです。

第2の扉──祝　福

起 聖書の大切なポイントを押さえていくシリーズ。第二回目のキイワードは「祝福」です。開くのは創世記12章1～4節です。

主はアブラムに言われた。

「あなたは、あなたの土地、／あなたの親族、あなたの父の家を離れて、／わたしが示す地へ行きなさい。／そうすれば、わたしはあなたを大いなる国民とし、／あなたを祝福し、／あなたの名を大いなるものとする。／あなたは祝福となりなさい。／わたしは、あなたを祝福する者を祝福し、／あなたを呪う者をのろう。／地のすべての部族は、／あなたによって祝福される。」

アブラムは、主が告げられたとおりに出て行った。ロトも彼と一緒であった。ハランを出たとき、アブラムは七十五歳であった。

この箇所は、全聖書の中で一、二を争う大切な箇所で、豊かなメッセージをもっています。創世記という書物の中でも、ここが重要な箇所です。創世記11章までは、創世記のイントロダクションとして位置づけられ、この12章から本題に入るからです。そしてここで話の方向性が決定的になるのです。この短い3節の中で「祝福」という言葉が五回使われます。それは創世記11章までに起こったことへの解決をほのめかすものです。3節でわかりますが「祝福」の反対は「のろい」です。3節で漢字の「呪う」とひらがなの「のろう」が使われていますが、これは誤植ではなく、原語のヘブル語が違うのです。漢字で「呪う」と記された語は「軽く扱う」という意味で「ののしる」とも訳されます。ひらがなで記された「のろう」は、おおざっぱに言えば、思わしくない状況、不本意な状態に置かれることです。このひらがなの「のろう」が、創世記11章までに五回使われます。創世記3章14、17節、4章11節、5章29節、9章25節です。

神である主は蛇に言われた。／「おまえは、このようなことをしたので、／どんな家畜よりも、／どんな野の生き物よりものろわれる。／おまえは腹這いで動き回り、／一生、ちりを食べることになる。（3章14節）

3章14節で「のろわれる」のは直接的には蛇ですが「どんな家畜よりも、どんな野の生き物よりも」ということは家畜や野の生き物もともに「のろわれた」ことがわかります。ここで蛇は霊的な力をもつものとして描かれています。つまり、単純に動物との関係が悪くなったという以上に、霊的な存在も含む、いのちあるものを人は治めることができなくなったということです。治めることができなくなるということは「崩壊」を意味します。

また、人に言われた。／「あなたが妻の声に聞き従い、／食べてはならないと／わたしが命じておいた木から食べたので、／大地は、あなたのゆえにのろわれる。／あなたは一生の間、／苦しんでそこから食を得ることになる。（3章17節）

3章17節で「のろわれる」のは、大地です。それは人間が食を得ることの象徴として理解できます。働くことは人間本来の喜びであったはずが、苦しみに変わったのです。5章

29節で、これは繰り返されます。世界にある豊かさを引き出すのに必要な力が人間から失われたことを意味します。

今や、あなたはのろわれている。そして、口を開けてあなたの手から弟の血を受けた大地から、あなたは追い出される。（4章11節）

4章11節で「のろわれる」のは、カインという名の男です。そして9章25節では、カナンという男が「のろわれる」ことになりますが、両者は個人であると同時に、人間社会全体が「のろわれた」状態になったことを象徴します。というのは、のろいのきっかけになったのは、家族のいのちを奪う行為、家族の尊厳を奪う行為だったからです。ひとりの人がのろわれるなら、家族全体が影響を受けます。人類最初の代表者が神に背いた結果、その影響がくまなく広がったのです。この三つをもって、世界全体は不本意な状態に陥ったことが明らかになりました。人類はこの「のろい」の中で、どうにか生き延びる道を探し、今日に至っています。

創世記12章はこのような世界と人間の歴史を背景にして始まる「新しい出発」の物語です。五回繰り返された「のろい」を五回の「祝福」でキャンセルする、打ち消すことがほのめかされているのです。

そのような背景がわかると、なぜアブラムという男が祝福を受けるために「あなたの土地、あなたの親族、あなたの父の家を離れ」る（12章1節）ように求められたのかもわかります。ここでアブラムは文字通り、物理的にこの三つから離れるのですが、土地、親族、父の家、どれも不本意な状態にあったからです。この三つは、「のろい」の世界の中で、どうにか生き延びるシステムでした。しかしそれを続けてものろいは解決しないのです。のろいを祝福に変えるために、アブラムはまず、そこから離れることが必要でした。

ここで「祝福」という言葉そのものを考えてみましょう。日本語では「祝う」と「幸福」の合成です。祝うことのできる幸福な状況が訪れること、それが日本語で感じられるニュアンスです。ヘブル語では「バラク」という言葉ですが、根本的な意味は「ひざまずく」ということです。欧米ではプロポーズをするとき、男性が女性の前に跪《ひざまず》いて、愛を伝え、花を渡し、求婚するそうです。「ひざまずく」とは、相手の幸福のために尽くすという決意の表現です。

とすると、ここで主なる神は、人間アブラムに対して、求婚に似た霊的なプロポーズをしていることがわかります。アブラムに目を留めた神が、アブラムが自分を頼りにして出てきてくれるなら、アブラムの幸せのために尽くすことを約束されているのです。アブラムの前に膝をついて招いているかのようです。その手には花束ではなく三つの贈り物（約束）が用意されていました。一つ目は「大いなる国民とする」こと、二つ目は「名を大いなるものとする」こと。（これは熟語で語られているので、意味を汲み出すと、アブラムの人格・品性が高潔なものになることです。）三つ目は「あなたを呪う者をのろう」という特別な保護の約束です。そして、このすべての贈り物とともに、主なる神がアブラムとともに目指すのは「地のすべての部族が、祝福される」ことです。言い換えるなら、地のすべての部族が、のろいから祝福に移ることです。「あなたによって祝福される。」アブラムはこのための器となるように招かれたのです。

承 ここから聖書のすべての物語が始まっていくといって過言ではありません。この神の招き（召し）にアブラムは応えました。そして神はご自分の約束を忠実に果たしていかれます。それがどんなふうに展開していくのかが、創世記の残りのストーリーです。いえ、聖書の残りのすべてのストーリーです。

「大いなる国民」の形成のためには、アブラムに子孫が生まれる必要があります。七十五歳まで子どもがなかったアブラムは、当時の一般的な感覚で言えば未来のない「のろわれた家族」です。神はこれをひっくり返します。また「大いなる国民」が生きていく土台となる土地も必要です。しかしアブラムはその足掛かりになるものをすべて手放して、旅に出たのです。事情を知らない人が見れば、アブラム一家は故郷を追われた「訳あり家族」です。しかし神はこれをひっくり返していきます。

二つ目の贈り物、アブラムの人格が高潔なものになることについては、ある日奇跡が起こって、アブラムの人格がすっかり変わったという話にはなりません。数々の失敗と成功、試練を通して、アブラムは練られていきます。そうしてアブラムの心が、主なる神の心に近づいていくのです。彼の名はやがてアブラムからアブラハムへと変えられます。それは彼の内側が変えられていくことの約束であり結果です。

三つ目の贈り物も、アブラムの人生の様々な局面で出てきます。これは守りの約束であり、神が積極的にアブラムに敵対する者を攻撃するという意味ではありません。そもそも、神から離れた世界全体はのろいのもとにあるのです。ですから、アブラムと敵対するならば、そののろいのもとにずっと置かれたままになるということです。ここではむしろ、アブラムがこの神の守りに信頼して、危険に際しても人間的な策略で身を守るのをやめること、敵対する者に復讐しないことが意図されていると言えます。神の守りに信頼して、非暴力に徹することが示唆されているのです。

祝福が「ひざまずく」ことだと学びました。そうすると「あなたは祝福となりなさい」

というのは、アブラムもまた神のように誰かにひざまずいて、幸福にすることに尽くせという意味です。（そこには相手のためにならないことは「しない」というのも含まれます。）これに応えて、その誰かもアブラムにひざまずいてくれたら、そこには祝福の与え合いが起こります。このこと自体が神の祝福とも言えますし、この二人に対して、神がさらにひざまずいて、支えてくれるというわけです。これが神の方法です。

この方法を箴言3章34節では「嘲る者を主は嘲り、／へりくだった者には恵みを与えられる」とまとめています。神がまずへりくだり、あなたを祝福しようとプロポーズされます。これを受け取った人は、神の真似をしてへりくだり、誰かの祝福になるのです。そのとき、神の恵みがそこに満ちていくことになります。

転 新約聖書の一ページ目、その最初（マタイの福音書1章1節）を見てみましょう。「アブラハムの子」と始まります。この表現は、ここから始まる物語が、この創世記12章の祝福の物語の継続であることを示します。イエスこそアブラハムのまことの子、徹底してへりくだり、人々に仕えることによって、人を祝福された方です。「イエスは彼らを呼び寄せて言われた。『あなたがたも知っているとおり、異邦人の支配者たちは人々に対して横柄にふるまい、偉い人たちは人々の上に権力をふるっています。あなたがたの間では、そうであってはなりません。あなたがたの間で偉くなりたいと思う者は、皆に仕える者になりなさい。……人の子が、仕えられるためではなく仕えるために、また多くの人のための贖《あがな》いの代価として、自分のいのちを与えるために来たのと、同じようにしなさい。』」（マタイの福音書20章25〜28節）

結 現代の私たちは、このアブラハムの子であるイエス・キリストからプロポーズされているのです。これを受け取って生きる者の生き方は当然のことながら、人に祝福を与える、ひざまずいて、仕える生き方になるのです。それでペテロの手紙第一3章8〜12節でこのように言われます。

最後に言います。みな、一つ思いになり、同情し合い、兄弟愛を示し、心の優しい人となり、謙虚でありなさい。悪に対して悪を返さず、侮辱に対して侮辱を返さず、逆に祝福しなさい。あなたがたは祝福を受け継ぐために召されたのです。

「いのちを愛し、／幸せな日々を見ようと願う者は、／舌に悪口を言わせず、／唇に欺きを語らせるな。／悪を離れて善を行い、／平和を求め、それを追え。／主の目は正しい人たちの上にあり、／主の耳は彼らの叫びに傾けられる。／しかし主の顔は、／悪をなす者どもに敵対する。」

ここに創世記12章がこだましていることがわかるでしょうか。私たちは思うかもしれません。ここに書かれていることは確かにそうできたら素晴らしい。でもできそうにない。この感覚こそが聖書を読むときに大事になるところです。聖書の命令は、そう書いてあってもできないというところがスタート地点であり、そうできるために「私を造り変えてください、助けてください」と祈ることなしには達成できないようになっているのです。

しかし、このことに気づいて、神の前にへりくだるとき、神がさらにひざまずいて、私たちを助けてくださる。これを体験していくことになります。この無限の「へりくだりループ」に生きることが、神の祝福を生きることなのです。

教会には、いわゆる「上の人」はいません。組織はあるので、代表が選ばれ、決定権が委ねられます。それは形としては世の中と似ていますが、実際は真逆です。世の中は選ばれた人は「上の人」ですが、教会では選ばれたなら「下の人」になるのです。そして教会は全体としてひとりの人のように、神を知らないでいる人、のろいをのろいとも思わずに生きている人を祝福するために存在するのです。「地のすべての部族が、祝福される」ために、神は今日も教会とともに働いておられます。

第3の扉——贖い

起 聖書の大切なポイントを押さえていくシリーズ。第三回目のキイワードは「贖《あがな》い」です。開くのは出エジプト記6章1～9節です。

主はモーセに言われた。「あなたには、わたしがファラオにしようとしていることが今に分かる。彼は強いられてこの民を去らせ、強いられてこの民を自分の国から追い出すからだ。」

神はモーセに語り、彼に仰せられた。「わたしは主である。わたしは、アブラハム、イサク、ヤコブに全能の神として現れたが、主という名では、彼らにわたしを知らせなかった。わたしはまた、カナンの地、彼らがとどまった寄留の地を彼らに与えるという契約を彼らと立てた。今わたしは、エジプトが奴隷として仕えさせているイスラエルの子らの嘆きを聞き、わたしの契約を思い起こした。それゆえ、イスラエルの子らに言え。『わたしは主である。わたしはあなたがたをエジプトの苦役から導き出す。あなたがたを重い労働から救い出し、伸ばされた腕と大いなるさばきによって贖う。わたしはあなたがたを取ってわたしの民とし、わたしはあなたがたの神となる。あなたがたは、わたしがあなたがたの神、主であり、あなたがたをエジプトでの苦役から導き出す者であることを知る。わたしは、アブラハム、イサク、ヤコブに与えると誓ったその地にあなたがたを連れて行き、そこをあなたがたの所有地として与える。わたしは主である。』」モーセはこのようにイスラエルの子らに語ったが、彼らは失意と激しい労働のために、モーセの言うことを聞くことができなかった。

贖《あがな》いは、聖書全巻を貫くとても大切なものです。教会の礼拝メッセージでも、この言葉をよく聞くことでしょう。

６章６節に「贖う」という言葉が出てきます。この言葉、ヘブル語で「ガーアール」は本来、宗教的な用語ではありません。社会的、経済的な言葉です。今の社会では「贖う」行為は日常生活には起こりませんが、古代社会では、贖うことは日常生活の中にありました。日常生活における贖いは大きく三つの分野に及びました。

- もし親族の誰かが殺された場合、その犯人を探し出し、公正な裁判にかける責任を果たす人のことを「贖い主」と呼びました。
- もし、親族の誰かが借金をかかえて、所有地の売却を強要された場合、あるいは自分自身や家族を身売りしなくてはいけない場合、そこから救出すること、そのために借金を肩代わりすることを「贖い」と呼びました。
- もし、親族の男性が子どもを残さずに死んでしまった場合、相続地が他人の手に渡らないように、相続人を起こすことも「贖い」と呼びました。このようにして残された女性を守ることになりました。

三つのケースに共通することは、不正な状況、不自由な状態から家族を効果的に救い出すということです。これが「贖い」です。

出エジプト記6章は、この贖いが、神によって、イスラエルという大家族に対して当てはめられたものです。

「イスラエル」とは、アブラハムの子、イサクの子、ヤコブから始まる家族、民族のことです。彼らはカナンの地で、七十人ほどの家族になったあと、飢饉《ききん》のためにエジプトへ避難し、そこで増え、大きな民族になっていました。時の為政者であったファラオは、このイスラエル民族を脅威に思い、いわれのない政治的差別を実施しました。そして強制労働に従事させて、経済的に搾取し、民族を消滅させるための社会的暴力を加え、彼らが先祖代々受け継いできた真の神、全能の神への礼拝を妨害したのでした。その結果、イスラエルの中には、政治的に殺された者が出ました。もちろん犯人は捕まえられることはありません。本来受けるべき労働に対する経済的報いは与えられませんでした。身売りしたわけでもないのに、奴隷になってしまったのです。そしてこのままでは、イスラエル民族に約束されていた相続地を受け取る者が消えてしまうという状況になっていたのです。あらゆる面で、イスラエル民族は「贖い」を必要としていました。

この贖いを成し遂げるには、ファラオより強い者でなければなりません。ファラオは当時の世界でナンバーワンの地位と権力を掌握していました。古代の王は政治的な力だけでなく宗教的な力も有していました。彼自身が神の化身であると信じられ、エジプトの様々な神々の上に君臨する者だったのです。誰も抵抗できないと思われていました。しかしこのすべての状況から救い出すために、神が行動されたのです。それが出エジプトのみわざであり、贖いなのです。

1節のことばは、強烈な皮肉になっています。ファラオは、イスラエル民族を強制的に自分のための労働に従事させましたが、今度は神が、強制的にファラオをして、民を去らせるようにするというのです。実際そのようになっていきますが、その実際の様子は出エジプト記を読んでいただくとして、ここではこの箇所のメッセージをくみ取っていきましょう。

2〜3節は「わたしは主である」という宣言、この名前（御名《みな》）の重要性が語られます。主——ヘブル語で「ヤハウェ」と発音されたと思われますが——これは神という一般名詞とは違い、固有名詞です。ご自身の名を知らせるということは、それだけ距離感が近くなったということです。そしてこの名はこれから行う「贖い」と密接につながっていることを意味しています。主と聞けば、この贖いのことが思い出されるほどのつながりです。

この方は、アブラハム、イサク、ヤコブに現れた方であり、彼らと契約を結んだ方です。アブラハムがこの契約の筆頭者だったので、アブラハム契約と呼ばれます。アブラハム一家が、全世界に祝福を運ぶ民になること、そのために神が彼らを祝福すること（第2の扉参照）が、変わることのないものとして「契約」のレベルで交わされていました。「贖い」はこの契約に基づいて実行されます。この契約は、神が「保護者」になるものでした。ですから、このイスラエル民族の危機に、正当に介入する根拠になるのです。

それだけではなく「今わたしは、エジプトが奴隷として仕えさせているイスラエルの子らの嘆きを聞き」とあります。単なる契約上の義理・道理だけではなく、状況に対する深い慈しみの心から、神は行動を起こされることが表現されています。

贖いの目的は「あなたがたを取ってわたしの民とし、わたしはあなたがたの神となる」ということです。神と民の麗しい関係がここに表現されます。この表現も、聖書全巻を貫く大事な表現です。民が神のものになり、神も民のものになる、互いに与え合う関係の成立、これが贖いの目的です。本来神である方を神とするとき、人間は本来の人間らしさを取り戻します。奴隷として仕えるのではなく、自由にされた上で、愛をもって自発的に仕える奉仕をすることになります。主という御名は、この贖いを実行し、達成するという意味をもつ名前として、聖書の中で使われるようになるのです。

承 さて、このような宣言の後に、贖いのみわざが行われていきます。イスラエルは政治的な自由を得ます。経済的な搾取からも解放され、支払われずにいた労働の対価も受け取ります。社会的な民族抹殺の暴力からも救われます。この意味で贖いは確かに実行され、達成されたと見ることができます。しかし贖いは、解放された後に自由をもって神と民の間に麗しい関係が成立し、約束された相続地で幸せに暮らすことまで行かないと完成されることにはなりません。

実は、この最後のステップがなかなかどうして達成しなかったのです。それが、出エジプト記からさらに長い物語が続いていく理由になります。エジプトからは解放されましたが、それだけでは贖いは完了しませんでした。問題は、外側だけではなく、イスラエルの中にもありました。イスラエルの中にあった神に対する不信感、「頑なさ」が妨げになって、神と民との麗しい関係の成立が阻まれていくのです。その結果、イスラエルはエジプトではなく、別の勢力に再び奴隷にされることが繰り返されました。

転 贖いの最終ステップは、解放され自由になった者が、自発的に神との麗しい関係に入ることで達成されます。そのためには、内側にある人間の頑なさが取り除かれる必要がありました。そのことを達成する道を開いたのが、イエス・キリストなのです。テトスへの手紙2章14節を開いてみましょう。

キリストは、私たちをすべての不法から贖い出し、良いわざに熱心な選びの民をご自分のものとしてきよめるため、私たちのためにご自分を献げられたのです。

今の時代を考えてみると、私たちは政治的自由がひとまず保障された世界に住んでいます。経済的な搾取というのは身近な問題で、働き方改革などが叫ばれています。暴力から守られ、社会的な自由を得、人として尊重されることも、概ね浸透している社会に私たちはいます。これらのものは大切なのですが、それがすべて与えられても、人は幸せを手にすることはできません。本来神である方を神とし、その方に愛をもって仕えること、神との麗しい関係に入り、これを深め、発展させることなしには、人はすぐに、神でないものを神として仰ぎ奉り、簡単にその奴隷になってしまうのです。

しかし、救いはあります。イエス・キリストが来られて、このための道を開いてくださいました。この方に結びつくなら、紆余曲折はあろうとも、必ず最後には贖いを完成させてくださるとの約束がついています。ピリピ人への手紙1章6節を読んでみましょう。

あなたがたの間で良い働きを始められた方は、キリスト・イエスの日が来るまでにそれを完成させてくださると、私は確信しています。

結 このテーマの結びに、もう一度最初に聞いた箇所に戻りましょう。そこでは、イスラエルは神の贖いの宣言を聞いても、これを受け取ることができなかったとあります。

モーセはこのようにイスラエルの子らに語ったが、彼らは失意と激しい労働のために、モーセの言うことを聞くことができなかった。（出エジプト記6章9節）

聖書はこのように記しています。しかし神様はこのような状況にもかかわらず、贖いを行われました。ここからわかることがあります。神は人の信仰を喜ばれますが、信仰的な応答をする前から、働き始めてくださるということです。そして、自由を与え、人が一息つき、元気が出てくると、ご自分を信頼するように招かれるのです。贖いの完成のためには、信頼関係は必須ですが、贖いを始めるのには、人の信仰は無関係です。神の一方的なあわれみ、愛によって、贖いのわざはすでに始められています。

今、私たちが、政治的、社会的、経済的な自由を得ているなら、それは多くの人の努力の背後にあって働く神の贖いの力によります。そして、今、私たちが神を知ること、神との信頼関係を育むことができているのは、十字架と復活によって贖いの道を開いてくださったイエス様により、贖いの完成に向けて事が進んでいるからなのです。

出エジプトから始まった、神の贖いの出来事は、歴史を超えて今、ここで進行中のことであり、やがての日に完成します。エジプトの王ファラオのように、これに逆らう力は働いていて、一時的には勢力をふるいますが、神の力の前には勝つことができません。贖いの目的である神と民との麗しい関係の成立が、ついに実現することが、ヨハネの黙示録に預言されています。

「勝利を得る者は、これらのものを相続する。わたしは彼の神となり、彼はわたしの子となる」（ヨハネの黙示録21章7節）。

世界はこの方向に動いています。私たちはこの贖いの計画に心と生活の焦点を合わせて生きていくことが望まれているのです。

第4の扉──律法

起 聖書の大事なところを押さえるシリーズの第四回目です。今回は「律法」という言葉を追いかけます。「法律」という言葉をひっくり返して「律法」と書きますが、日本語の聖書の中だけで通じる言葉遣いで、英語ならばthe Lawと訳されます。この言葉には少し注意が必要です。

ヘブル語は「トーラー」というのですが、この言葉は「投げる」という言葉を語源にしていて「手引き（Instruction）」という意味をもっています。「手引き」と「律法」では随分印象が違うと思います。律法というと、何か守らなくてはいけないルールで、人を不自由にする印象があるでしょう。あるいは「守ってさえいればＯＫ」という感じです。道路にたとえると、ガードレールのような役割です。これに触れない限りは問題ない。道を外さないためにある。それが「律法」の語感からくる印象です。

でも「手引き」だと、何かを達成するとか、どこかへたどり着くといった目的が連想されます。道のたとえで言えば、案内標識です。そこには、進入禁止といった「決まり」もありますが、進入禁止することが目的なのではなくて、目的地に行くためには要らない道だから止められるということです。このことをふまえて、「律法」という訳語が、最初に用いられるヨシュア記１章７～９節を開いてみましょう。

「ただ強くあれ。雄々しくあれ。わたしのしもべモーセがあなたに命じた律法のすべてを守り行うためである。これを離れて、右にも左にもそれてはならない。あなたが行くところどこででも、あなたが栄えるためである。このみおしえの書をあなたの口から離さず、昼も夜もそれを口ずさめ。そのうちに記されていることすべてを守り行うためである。そのとき、あなたは自分がすることで繁栄し、そのとき、あなたは栄えるからである。わたしはあなたに命じたではないか。強くあれ。雄々しくあれ。恐れてはならない。おののいてはならない。あなたが行くところどこででも、あなたの神、主があなたとともにいるのだから。」

7節には、トーラー（律法）を守るなら「栄える」と約束されています。聖書で「栄える」というのは、神様と調和的に生きられることです。神様が栄えている方であり、この方と調和的に生きられるなら、神の栄光をともにすることができるのです。そこにはいのちがあり、豊かさがあり、喜びがあります。トーラーは、神との調和的な生き方へと導く「手引き」なのです。

ヨシュアはこの「トーラー」を「モーセがあなたに命じた」と説明しています。この具体的様子が出エジプト記に記されていますので、開いてみましょう。まず出エジプト記19章1～6節です。

エジプトの地を出たイスラエルの子らは、第三の新月の日にシナイの荒野に入った。彼らはレフィディムを旅立って、シナイの荒野に入り、その荒野で宿営した。イスラエルはそこで、山を前に宿営した。モーセが神のみもとに上って行くと、主が山から彼を呼んで言われた。「あなたは、こうヤコブの家に言い、イスラエルの子らに告げよ。『あなたがたは、わたしがエジプトにしたこと、また、あなたがたを鷲の翼に乗せて、わたしのもとに連れて来たことを見た。今、もしあなたがたが確かにわたしの声に聞き従い、わたしの契約を守るなら、あなたがたはあらゆる民族の中にあって、わたしの宝となる。全世界はわたしのものであるから。あなたがたは、わたしにとって祭司の王国、聖なる国民となる。』これが、イスラエルの子らにあなたが語るべきことばである。」

エジプトのファラオの奴隷から解放され、自由になった民は、ここで神様から正式なオファーを受けます。ここは創世記12章でアブラムが神様から招かれた場面と重なります。あのときは一個人に語られましたが、ここでは一つの民族全体に語られます。全世界を祝福するために、神様はこの民全体を宝として大切にすると語られます。祭司の民、聖なる国民、これは神と調和的に生きることなしには実現しないことです。イスラエルは、このオファーを引き受けます。その上で、どんなふうにしたら神と調和的に生きられるのか、その手引きが与えられるのです。それが出エジプト記20章から始まります。少し長いですが、「モーセの十戒」として有名な1～17節までを読んでみましょう。

それから神は次のすべてのことばを告げられた。

「わたしは、あなたをエジプトの地、奴隷の家から導き出したあなたの神、主である。

あなたには、わたし以外に、ほかの神があってはならない。

あなたは自分のために偶像を造ってはならない。上の天にあるものでも、下の地にあるものでも、地の下の水の中にあるものでも、いかなる形をも造ってはならない。

それらを拝んではならない。それらに仕えてはならない。あなたの神、主であるわたしは、ねたみの神。わたしを憎む者には父の咎を子に報い、三代、四代にまで及ぼし、わたしを愛し、わたしの命令を守る者には、恵みを千代にまで施すからである。

あなたは、あなたの神、主の名をみだりに口にしてはならない。主は、主の名をみだりに口にする者を罰せずにはおかない。

安息日を覚えて、これを聖なるものとせよ。六日間働いて、あなたのすべての仕事をせよ。七日目は、あなたの神、主の安息である。あなたはいかなる仕事もしてはならない。あなたも、あなたの息子や娘も、それにあなたの男奴隷や女奴隷、家畜、またあなたの町囲みの中にいる寄留者も。それは主が六日間で、天と地と海、またそれらの中のすべてのものを造り、七日目に休んだからである。それゆえ、主は安息日を祝福し、これを聖なるものとした。

あなたの父と母を敬え。あなたの神、主が与えようとしているその土地で、あなたの日々が長く続くようにするためである。

殺してはならない。

姦淫してはならない。

盗んではならない。

あなたの隣人について、偽りの証言をしてはならない。

あなたの隣人の家を欲してはならない。あなたの隣人の妻、男奴隷、女奴隷、牛、ろば、すべてあなたの隣人のものを欲してはならない。」


本書は概観することが目的なので、ひとつひとつを丁寧に見ることはしません。全体的なポイントを見ておきます。

まず「してはならない」という言葉が多用されるのに気づきます。これはまるでガードレールのような感じがします。しかし、英語に訳された聖書を見るとわかりますが、文法はDo not ~ではありません。英語はYou shall not ~となっています。すなわち「あなたは~をする必要がない、だからやらなくてよい。」そういうニュアンスで語られています。「あなたには、わたし以外に、ほかの神があってはならない」というのは、ほかの神を必要としないからです。この神様との良い関係があれば、不足することは何もないからです。偶像も要りません。偶像というのは、神を自分の思い通りに動かすための道具です。神が良い方であり、自分が神の思いに近づけば幸せになれるのですから、偶像は要りません。偶像をつくることは、相手を操作しようとする思いの現れです。それは愛ではないので、神が喜ぶはずもありません。そのような生き方は、次の世代まで影響を及ぼします。ここで悪い影響と良い影響が比較され、その違いが比較にならないことに目を留めましょう。悪いほうは、三代、四代と片手で数えられます。良いほうは千代です。もう人間のスケールを超えます。

神の名をみだりに口にするのも必要のないことです。これは神の名を呪術的なことのために用いる、そういうことが示唆されます。ここでも神が道具のようになっています。神を人格ある方として大切にするなら、そのようなことはもちろん禁じられます。でも、神様は話のわかる方なので、言いたいことがあれば言えばよいのです。呪術で名前を連呼しないと動かない方ではないので、不要なのです。

六日に一度休む指示は、自由の民とされたしるしですが、これも働き続ける必要がないのです。神が働いてくださるからです。

殺してはならないのは、殺す必要がない生き方があるのです。怒りを殺意に発展させる必要のない生き方があるということです。姦淫、不倫、浮気といった結婚関係を破綻させる行為も不要です。そうしないで生きる道があります。盗まないで生きていくことができます。なぜなら、必要は神様が満たしてくださるからです。偽りの証言をする必要もありません。神様がすべてを最善にはからってくださるので、自分の身を守ったり、利益誘導したりする必要がないのです。欲しがる、貪欲からも解放されて生きることができます。

　このように見てくるとわかることがあります。大切なことは、禁止されていることそれ自体ではありません。禁止されていることをしないで済む、しないでよいようにする神様の働き、恵みがあるということ、これを探り求めることが重要なのです。ここに「手引き」の役割があります。

　実際問題、私たちは神を思い通りに動かしたくなるときがあります。そこで、この手引きを守ると、そのような自分と向き合い、神様との深い交わり、コミュニケーション、祈りの格闘が起こるでしょう。それは、夫婦喧嘩のようなものになるかもしれませんが、ちゃんと言いたいことを言って、わかってもらい、相手の話を聞ければ「雨降って地固まる」の諺のように、神様とより一層親しくなるのです。殺人、姦淫、盗みといった誘惑、それは精神的な領域で起こるかもしれませんが、そこでもこの手引きと向き合うならば、殺したいほどの思いを、神様の前にもって行って、「殺さなくてよいなら、この思いはどうしたらよいのか」と問うことになるでしょう。こうして、神と向き合うときに、この手引きの力は発揮されます。

この「どうしたらよいか」と考え、神に問いかけ、神からの答えをいただくプロセス全体を、聖書は「知恵」と呼びます。トーラーが人に与えるのはこの知恵です。この知恵が豊かに増し加わるなら、私たちは神とますます調和的に生きられるようになります。それは当然のこと、この厳しい世にあって、強く、雄々しく生きることになります。そこには自由があり、応用が利く、柔軟な世界が広がります。

承 ところが、人間の罪深さは、このトーラーを、手引き・知恵としてではなく、規則としてしまうところに現れます。ほんの少し見方を変えるだけで、同じことばが、いのちを失わせるものになるのです。トーラーを規則、ガードレールのようなものとして理解し始めると、これさえしなければいい、という発想に陥ります。

例えば、七日目の安息命令を守るために、何が「仕事」なのかを細かく定義するようになります。殺人も姦淫も盗みも、実際に手を出さなければ問題になりません。律法をガードレールのように考えれば、その手前にさらに安全な線を引いて、近寄らなければよいことになります。そうやって、自分を安全なところに置くのです。これがどれほどトーラーの精神から外れているか、もうおわかりでしょう。

夫婦がともに暮らすことでたとえてみると、ともに暮らす上で、お互いを大切にするための最低限のルールというのはあるでしょう。でも、それを守っていれば夫婦は良い状態かというと、決してそんなことはありません。自分の責任を果たしたから、あとは自由にさせてもらうというのであれば、何のために一緒にいるのか、その意味が消えてしまいます。心を通い合わせ、栄光を分かち合う、喜びや楽しみを分かち合う、そのために二人は一緒になったのに、義務を果たして「あとはご勝手に」とそっぽを向くのでは残念きわまりないわけです。神様との関係も同じことです。トーラーは、現実の様々な出来事をきっかけとして、しかもどちらかというとネガティブな出来事や思いをきっかけとして、神との親しい関係へと人を導く手引きなのです。これを規則にしては、関係は冷え込むばかりなのです。

転　イエス・キリストはこの失われたトーラーの精神を回復させ、一つのことに集約なさいました。それがマタイの福音書22章35〜40節に記されています。

そして彼らのうちの一人、律法の専門家がイエスを試そうとして尋ねた。「先生、律法の中でどの戒めが一番重要ですか。」イエスは彼に言われた。「『あなたは心を尽くし、いのちを尽くし、知性を尽くして、あなたの神、主を愛しなさい。』これが、重要な第一の戒めです。『あなたの隣人を自分自身のように愛しなさい』という第二の戒めも、それと同じように重要です。この二つの戒めに律法と預言者の全体がかかっているのです。」

「神を愛すること、隣人を愛すること」――トーラーの精神は、ここに集約されます。つまり、あなたは神を愛することができる、人を愛することができる。そしてその妨げになるものが出てきたときこそ、神を求めるチャンスだということです。

ここから、一つの原則が導かれます。聖書の命令はすべて、恵みの命令であり、何かをするように、あるいはしないようにと命じられる場合、神は必ずそのための助けを備えているということです。それを求めなくてはこの命令を守ることはできないのです。そして、それを求めるプロセス、神との交わり、祈り、みことばを読み、考え、悩み、相談する。そういったプロセスそのものを神は求めているということです。

結 詩篇第一篇の作者は、聖書全体を見通す中で、この確信にたどりつき、このことを歌にして私たちに残してくれました。

幸いなことよ
悪しき者のはかりごとに歩まず
罪人の道に立たず
嘲る者の座に着かない人。
主のおしえを喜びとし
昼も夜も　そのおしえを口ずさむ人。
その人は
流れのほとりに植えられた木。
時が来ると実を結び
その葉は枯れず
そのなすことはすべて栄える。

ここで主の「おしえ」と訳された言葉が「トーラー」です。「律法」という言葉からしばしば連想されるような冷たさはここにはありません。植物にとっての水のように、主の律法は私たちの内を駆け巡り、いのちを与えることができるのです。

第5の扉――臨　在

起 聖書の大事なポイントを概観するシリーズの五回目は「臨在」ということを学びます。「臨在」という言葉も日常生活では使いません。教会では「ご臨在」と言うこともあります。その辞書的な意味は「神様がその場におられること」です。ですから、臨在がないということは「神がその場におられない」という意味です。このように言うと、神様がいない場所はあるのか、神様はどこにでもおられるのではないかという問いが生まれるかもしれません。そこで臨在ともうひとつ「遍在（ユビキタス）」という言葉をあわせて知っ

ておく必要があります。これは、いつでもどこでも存在するという意味です。確かに神は遍在されます。これは、いつ、どこにいても神様にアクセスできるという意味です。神は教会の建物の中に閉じ込められてはいないし、教会に来ないと祈れないということでもありません。この前提の上で「臨在」というのは、遍在以上に積極的な意味をもちます。単に神がその場におられるということ以上に「私たちを祝福するために会いに来てくださっている」、「神に歓迎されている」という意味です。そして、臨在という言葉が使われるときにはたいてい、臨在の有無だけでなく、そのことが人間の感覚としてわかる状態を意味します。そこで、このテーマを追求するときに立てる問いは二つです。一つは「神の臨在はどこに現されるのか」。もう一つは「私たちは神の臨在をどのように経験できるのか」。この二つを順に見ていきましょう。

神の臨在がどこに現されるのか。もっともシンプルな答えは「神が選ばれたところならどこでも」という言い方ができます。ただし、神の臨在は聖なるもので、聖ではないものを焼き尽くすエネルギーをもっています。ですから、臨在を現したとき、人が神の聖なることにかなわない態度を取るなら、死んでしまうのです。それで旧約聖書において、神が臨在を現すのはたいてい、人里離れた山や荒野といったところです。つまり、神は私たちの安全のために、ご自身の臨在を現す場を選んでくださっているのです。

イスラエルの歴史において、神が決定的に臨在を明らかにしてくださったのは、シナイ山です。この山で、前回学んだ「トーラー」が授けられたのでした。そのときの様子がどうだったのかを改めて見てみましょう。出エジプト記19章9節、16～20節です。

主はモーセに言われた。「見よ。わたしは濃い雲の中にあって、あなたに臨む。わたしがあなたに語るとき、民が聞いて、あなたをいつまでも信じるためである。」それからモーセは民のことばを主に告げた。（9節）

三日目の朝、雷鳴と稲妻と厚い雲が山の上にあって、角笛の音が非常に高く鳴り響いたので、宿営の中の民はみな震え上がった。モーセは、神に会わせようと、民を宿営から連れ出した。彼らは山のふもとに立った。シナイ山は全山が煙っていた。主が火の中にあって、山の上に降りて来られたからである。煙は、かまどの煙のように立ち上り、山全体が激しく震えた。角笛の音がいよいよ高くなる中、モーセは語り、神は声を出して彼に答えられた。主はシナイ山の頂に降りて来られた。主がモーセを山の頂に呼ばれたので、モーセは登って行った。（16～20節）

雷鳴、稲妻、厚い雲、角笛の音、火、煙、かまどの煙――これらは聖書の中で、神の臨在を示す特別な自然現象です。これを指して「主の栄光」と呼ぶことがあります。この圧倒的な臨在の中で、神とイスラエルは、「祭司の王国、聖なる国民」になる契約を結びました。ところが問題が起こりました。神の臨在を目の前にしてイスラエルは禁じられた偶像礼拝を行ったのです。これはしばしば「金の子牛事件」（出エジプト記32章参照）と呼ばれます。このことによって神の聖は偶像礼拝者を滅ぼしました。そして、神はイスラエルのうちに臨在を現すと危険だから、一緒に行くことはしないとまで言うのです。出エジプト記33章3節を見てください。

「わたしは、あなたがたのただ中にあっては上らない。あなたがたはうなじを固くする民なので、わたしが途中であなたがたを絶ち滅ぼしてしまわないようにするためだ。」

このままでは、イスラエルは、シナイ山で神の臨在から離れ、神の助けは受けられるものの、神ご自身とともに歩むことではない生き方をしなくてはいけませんでした。しかしもちろん、これは神の本心ではありませんでした。モーセはそのことがわかっていましたので、神に祈り（出エジプト記33章13節）、神の答え（14節）を引き出すのです。

「今、もしも私がみこころにかなっているのでしたら、どうかあなたの道を教えてください。そうすれば、私があなたを知ることができ、みこころにかなうようになれます。この国民があなたの民であることを心に留めてください。」主は言われた。「わたしの臨在がともに行き、あなたを休ませる。」

こうしてモーセを通して、神は聖なる方であると同時に赦しの神であることを示されます。出エジプト記34章5～9節を見ましょう。

主は雲の中にあって降りて来られ、彼とともにそこに立って、主の名を宣言された。主は彼の前を通り過ぎるとき、こう宣言された。「主、主は、あわれみ深く、情け深い神。怒るのに遅く、恵みとまことに富み、恵みを千代まで保ち、咎と背きと罪を赦す。しかし、罰すべき者を必ず罰して、父の咎を子に、さらに子の子に、三代、四代に報いる者である。」モーセは急いで地にひざまずき、ひれ伏した。彼は言った。「ああ、主よ。もし私がみこころにかなっているのでしたら、どうか主が私たちのただ中にいて、進んでくださいますように。確かに、この民はうなじを固くする民ですが、どうか私たちの咎と罪を赦し、私たちをご自分の所有としてくださいますように。」

そして神がイスラエルの真ん中に臨在することを明らかにするために、ひとつの施設が造られます。それが「会見の天幕」とか「幕屋」と呼ばれる移動式の神殿です。出エジプト記の後半は、この設計図と作成の様子が描かれます。そして完成した幕屋に、神の臨在が山の上から移動し、クライマックスとなります。

そのとき、雲が会見の天幕をおおい、主の栄光が幕屋に満ちた。モーセは会見の天幕に入ることができなかった。雲がその上にとどまり、主の栄光が幕屋に満ちていたからである。イスラエルの子らは、旅路にある間、いつも雲が幕屋から上ったときに旅立った。雲が上らないと、上る日まで旅立たなかった。旅路にある間、イスラエルの全家の前には、昼は主の雲が幕屋の上に、夜は雲の中に火があった。（出エジプト記40章34〜38節）

こうして、神の臨在は、幕屋という器に入れられて運ばれるような恰好になりました。しかし、実際は神が主権的に移動し、人間はこれを追いかけて、神がとどまる場所に幕屋を移動させたのでした。

承 時代が変わり、神の臨在は、幕屋から神殿に場を移すことになります。列王記第一8章1～13節を見てください。（ケルビムとは神の臨在を運ぶ天使のことです。）

それからソロモンは、イスラエルの長老たち、および、イスラエルの部族のかしらたちと一族の長たちをすべて、エルサレムのソロモン王のもとに召集した。ダビデの町シオンから主の契約の箱を運び上げるためであった。イスラエルのすべての人々は、エタニムの月、すなわち第七の新月の祭りにソロモン王のもとに集まった。イスラエルの長老全員が到着すると、祭司たちは箱を担ぎ、主の箱と、会見の天幕と、天幕にあったすべての聖なる用具を運び上げた。これらの物を祭司たちとレビ人たちが運び上げた。ソロモン王と、王のところに集まったイスラエルの全会衆は、ともに箱の前に行き、羊や牛をいけにえとして献げた。その数はあまりにも多く、数えることも調べることもできなかった。祭司たちは、主の契約の箱を、定められた場所、すなわち神殿の内殿である至聖所のケルビムの翼の下に運び入れた。ケルビムは、箱の一定の場所の上に翼を広げるのである。こうしてケルビムは箱とその担ぎ棒を上からおおった。その担ぎ棒は長かったので、棒の先が内殿の前の聖所からは見えていたが、外からは見えなかった。それは今日までそこにある。箱の中には、二枚の石の板のほかには何も入っていなかった。

これは、イスラエルの子らがエジプトの地から出て来たとき、主が彼らと契約を結ばれた際に、モーセがホレブでそこに納めたものである。祭司たちが聖所から出て来たとき、雲が主の宮に満ちた。祭司たちは、その雲のために、立って仕えることができなかった。主の栄光が主の宮に満ちたからである。

そのとき、ソロモンは言った。

「主は、黒雲の中に住む、と言われました。

私は、あなたの御住まいである家を、

確かに建てました。

御座がとこしえに据えられる場所を。」

このようにして、イスラエルは幕屋あるいは神殿に来ることによって、神の臨在に近づくことができる民として歩みました。しかし「金の子牛事件」から、人々の性質は大して変わっていませんでした。やがて「主の臨在があるから自分たちは安泰だ」とあぐらをかくようになり、イスラエルは自分たちが聖なる国民であるという自覚を失いました。神は何度も警告をなさいましたが、民は聞き入れませんでした。そこで、神は神殿を見捨てることを選ばれます。エゼキエル書10章18〜19節です。ここで主の栄光、主の臨在は神殿を離れます。

主の栄光が神殿の敷居から出て行って、ケルビムの上にとどまった。すると、ケルビムは翼を広げて、私の目の前で地上から上って行った。出て行くとき、輪もそのそばについて行き、主の宮の東の門の入り口で止まった。イスラエルの神の栄光が彼らの上にあった。

続いて11章22～23節です。ここで、主の栄光はエルサレムから消えるのです。

するとケルビムは翼を広げ、輪もその横についた。イスラエルの神の栄光がその上の方にあった。主の栄光はその都の中心から上って、都の東にある山の上にとどまった。

その後何が起こったかというと、バビロン軍がやってきて、神殿は徹底的に破壊されます。それは、イスラエルには神の臨在がないことが暴かれたときでした。

転 ここから数百年、神の臨在は与えられないまま時が過ぎていきます。ユダヤ人たちは、束の間の平和が与えられると神殿を再建するのですが、そこに神の臨在は帰ってきませんでした。そして、そのような中で、イエス・キリストの誕生が起こるのです。ヨハネというイエスの使徒が書いた福音書の冒頭は、この神の臨在がイエスという人の中に戻ってきたことを描きます（ヨハネの福音書1章14節）。

ことばは人となって、私たちの間に住まわれた。私たちはこの方の栄光を見た。父のみもとから来られたひとり子としての栄光である。この方は恵みとまことに満ちておられた。

ここで「住まわれた」と訳されている言葉は「幕屋を張る、テントを張る」という意味です。そしてそこに栄光を見ることができるとは、あの神の臨在が、イエスにおいて実現したということを意味します。まさしくイエスその人は、神が私たちに祝福をもって会いに来てくださった方、神の臨在の体現者です。失われていた神の臨在は、イエスにおいて回復しました。そして次のステップに進みます。

使徒の働き2章1〜4節を読んでみましょう。

五旬節の日になって、皆が同じ場所に集まっていた。すると天から突然、激しい風が吹いて来たような響きが起こり、彼らが座っていた家全体に響き渡った。また、炎のような舌が分かれて現れ、一人ひとりの上にとどまった。すると皆が聖霊に満たされ、御霊が語らせるままに、他国のいろいろなことばで話し始めた。

ここで「激しい風、響き、炎のような舌」といった不思議な現象が記され、イエスを信じる人々の集まりに新しいことが起こったことがわかります。これまでの流れを追いかけて来れば、何が起こったのかもわかるでしょう。イエスにおいて回復された神の臨在が、イエスの弟子たちの集まりに移ったのです。イエスはちょうどシナイ山の上の神の栄光、弟子たちの群れが、荒野に建てられた幕屋のような関係です。大昔は、雲に満たされましたが、ここでは神の聖霊が人々を満たしました。

結 この日から、弟子たちの群れは「教会（ギリシャ語で「エクレシア」）」と呼ばれるようになっていきます。教会とは建物のことではありません。信じる者たちの群れが、聖霊によってキリストとつながり、神の臨在を現す場となった状態のことです。この教会が、神殿に代わって、神の臨在を体験する場となって今日に至ります。

逆に言うと、イエスの十字架のみわざによって、罪が完全にきよめられたので、神の臨在が人の間に宿っても大丈夫な状態になったのです。主イエスの十字架を受け入れ、罪赦された人は、神の臨在の前に恐れなく立つことができるようになりました。それで、神も、臨在を現すことを選ばれたのです。したがって、主を信じる人が増え、教会が広がるほどに、神の臨在は、この世に増え広がることになります。そしてこのストーリーの向かう先は、世界のすべてが神の臨在に包まれることです。臨在と遍在が重なる日、それが世界の完成です。黙示録21章22節では、このことが次のように描かれます。

私は、この都の中に神殿を見なかった。全能の神である主と子羊が、都の神殿だからである。

以上のことから、二つ目の問いに答えが見えてきます。その問いとは「私たちは神の臨在をどのようにしたら体験できるのか」というものでした。今日、神の臨在は教会で体験できます。それは建物ではなく、キリストに結ばれた主のからだとして生きることに献身した集いにおいてです。キリストに結ばれた集いは、キリストのことばを熱心に聞くでしょう。そこに神の臨在が現されます。キリストに結ばれた集いは心から主に向かって歌うでしょう。そこに神の臨在が現されます。キリストに結ばれた集いは熱心に祈るでしょう。そこに神の臨在が現されます。キリストに結ばれた集いは、神のことばに従い、聖なる集いへと変えられていくでしょう。そこに神の臨在が現されます。確かに神がおられ、私たちを祝福のうちに見つめておられることがわかる、このことを教会の集会で私たちは少なからず体験します。

一方で、神の臨在には、強さに強弱があるという特徴があります。聖書の中でも、教会の歴史の中でも、神が強く臨在される時というのがあります。誰にも否定しがたいほどの、圧倒的な神の臨在が教会全体を覆うということもあります。しかし、非常に感度を上げなくては感じ取れないほどの臨在という場合もある。いや、神不在というような臨在の喪失感という場合もあります。教会の霊的な状態が悪くなり、みことばを大切にせず、心から祈らず、口先だけの賛美というのでは、神の臨在が弱くなるのも仕方ない。けれども、そうではないのに、臨在が弱い場合があります。これは不思議なことだと思うでしょう。でも、それでいいのです。臨在を強く現すのも弱くするのも、神様次第。私たちに操作できるものではありません。むしろ、これを操作するがごとく祈りや賛美のテクニックに走ったら、それこそ問題（偶像礼拝）なのです。

主イエス様は、「見よ。わたしは世の終わりまで、いつもあなたがたとともにいます」

（マタイの福音書28章20節）と臨在の約束をしてくださいました。臨在の強弱は、この約束と何の関係もありません。強い臨在を感じることができなくても、このみことばの約束に信頼して、神の臨在に感謝することができたら、信仰としてはこちらのほうが強いとさえいえるでしょう。だからといって、強い臨在を求める必要がないとも思いません。圧倒的な神の臨在体験は、この世の中で証しをしていく力になります。「主よ、あなたのご臨在を現してください」と私たちは祈ることができます。そしてどのように感じようと、「主よ、あなたのご臨在を感謝します」と祈ることもできるのです。

第6の扉――戦い

聖書の大切なポイントを押さえるシリーズの第六回目。今回のキイワードは「戦い」です。日本語では「たたかい」という言葉に当てはまる漢字は大きく二つあって、一つは「戦争」の「戦」〝いくさ〟という字です。もう一つは「戦闘」の「闘」です。戦のほうは、敵がいて勝ち負けがあります。闘の方にも相手がいる場合がありますが、こちらは負けないことに重きがあり、必ずしも相手との勝ち負けが伴うわけではないものという使い分けがあるそうです。聖書に描かれる戦いはこのどちらも含みます。

起 このテーマについて最初に開く聖書箇所は創世記3章15節です。

「わたしは敵意を、おまえと女の間に、／おまえの子孫と女の子孫の間に置く。／彼はおまえの頭を打ち、／おまえは彼のかかとを打つ。」

ここはどういう箇所かというと、アダムとエバが神に背いた後に、二人をそそのかした蛇に対して神が宣告を下すという場面です。いわば、神の宣戦布告です。

この創世記3章は、人類の最初の戦いと言えるところです。自分の創造者である神のことばを信じるのか、造られたものにすぎない蛇の知恵を信じるのか、これが人類最初の闘いであり、すべての闘いの本質です。最初の人類はそのただ中でこの闘いに負けました。「蛇」とはこの世界にある神の秩序を壊そうとする存在です。（後にこれが「悪魔」の化身と呼ばれるようになります。）

人類は、この最初の闘いに負けて、蛇に従う側に回った格好になりました。しかし、ここで神の宣戦布告は興味深いものです。神の敵意がどこに置かれるかということに注目してください。「おまえ」と呼ばれる蛇と、女に代表される人類との間に、敵意が置かれます。そして21節を見るとわかりますが、神は人類に対して敵意をもっていないのです。皮の衣はそのしるしです。つまり、神は蛇の勢力を打ち破ることを宣言されますが、裏切って負けた人類を引き続き味方だと考えておられるということがわかります。

さて、この後の人類の歴史はどのようになっていくかというと、「おまえの子孫」と「女の子孫」との闘争の歴史となります。おまえの子孫とは、蛇の子孫、すなわち神のことばよりも蛇に象徴される「造られたものの知恵」の世界（そこには自分の知恵、自分の力に頼ることも含まれます）に生きる人々のグループと、女の子孫、神のことばを求めていく子孫にわかれていくことになります。蛇の子孫は大きく強くなり、女の子孫は細く弱い流れになります。しかし、神は女の子孫の味方であり続け、最終的に決定的な勝利をすることが15節後半「彼はおまえの頭を打ち」という部分でわかります。蛇は頭を砕かれたら最後だからです。しかし、蛇の方も「彼のかかとを打つ」ので、女の子孫にもダメージがあることもわかります。

このようにして、人類の歴史は戦いの歴史として始まっていきます。ここで私たちは、なぜ蛇がいたのか。なぜ神に敵対する存在がいたのかという問いを問いかけたくなるでしょう。しかしそれは神秘に包まれています。蛇という動物は、音もなく忍び寄り、気づいたらそこにいる、そういうものです。蛇がここで用いられている理由はそのことも示すのでしょう。理由はわからずとも、私たちは実際、戦いの渦中に生きているということです。理由がわかったところで戦いが消えるわけではありません。ですから大切なことは、いかにしてこの戦いに勝てるのかということです。

究極的な勝ち負けは、どちらの側につくのかで決まります。蛇の子孫として、神のことばに耳を貸さずに生きるなら一時的に勝つことはあっても最後は負けが決定しています。女の子孫として、神のことばに従って生きるなら、一時的に負けることはあっても最後は勝ちが決まっています。

承 その上で、聖書は女の子孫の一人ひとりがこの人生の中で、いかにして勝利を得ることができるかということを語っていきます。そのパターンは一貫しています。敵の強さを見るなら負ける。神が味方であることに思いを集中できれば勝てる。この原則です。

出エジプト14章5～14節を開きましょう。

民が去ったことがエジプトの王に告げられると、ファラオとその家臣たちは民に対する考えを変えて言った。「われわれは、いったい何ということをしたのか。イスラエルをわれわれのための労役から解放してしまったとは。」そこでファラオは戦車を整え、自分でその軍勢を率い、選り抜きの戦車六百、そしてエジプトの全戦車を、それぞれに補佐官をつけて率いて行った。主がエジプトの王ファラオの心を頑なにされたので、ファラオはイスラエルの子らを追跡した。一方、イスラエルの子らは臆することなく出て行った。エジプト人は彼らを追った。ファラオの戦車の馬も、騎兵も軍勢もことごとく、バアル・ツェフォンの前にあるピ・ハヒロテで、海辺に宿営している彼らに追いついた。ファラオは間近に迫っていた。イスラエルの子らは目を上げた。すると、なんと、エジプト人が彼らのうしろに迫っているではないか。イスラエルの子らは大いに恐れて、主に向かって叫んだ。そしてモーセに言った。「エジプトに墓がないからといって、荒野で死なせるために、あなたはわれわれを連れて来たのか。われわれをエジプトから連れ出したりして、いったい何ということをしてくれたのだ。エジプトであなたに『われわれのことにはかまわないで、エジプトに仕えさせてくれ』と言ったではないか。実際、この荒野で死ぬよりは、エジプトに仕えるほうがよかったのだ。」モーセは民に言った。「恐れてはならない。しっかり立って、今日あなたがたのために行われる主の救いを見なさい。あなたがたは、今日見ているエジプト人をもはや永久に見ることはない。主があなたがたのために戦われるのだ。あなたがたは、ただ黙っていなさい。」

ここでエジプトが「蛇の子孫」として描かれています。エジプトの王ファラオのかぶり物は蛇があしらわれ、まさに蛇の子孫そのものです。ここでイスラエルはその当時の最強軍団に追い詰められた丸腰の民です。しかし神がここでイスラエルに命じられることは「ただ黙っていなさい」ということでした。主なる神があなたがたのために戦うと宣言されます。そして、イスラエルは指一本触れず、手を汚すことなくエジプト軍に勝利するのです。

この勝利のパターンからイスラエルは学ぶことが期待されたのですが、残念ながら話はそのように単純には進みません。アダムとエバがそうだったように、イスラエルは常に神のことばに従うのか、人間の知恵、蛇の知恵に従うのかの闘いにしばしば負けることになりました。約束の地を目指す旅の途中でもっとも大きな敗北が、民数記14章で描かれます。1～9節を読みましょう。

すると、全会衆は大声をあげて叫び、民はその夜、泣き明かした。イスラエルの子らはみな、モーセとアロンに不平を言った。全会衆は彼らに言った。「われわれはエジプトの地で死んでいたらよかった。あるいは、この荒野で死んでいたらよかったのだ。なぜ主は、われわれをこの地に導いて来て、剣に倒れるようにされるのか。妻や子どもは、かすめ奪われてしまう。エジプトに帰るほうが、われわれにとって良くはないか。」そして互いに言った。「さあ、われわれは、かしらを一人立ててエジプトに帰ろう。」そこで、モーセとアロンは、イスラエルの会衆の集会全体の前でひれ伏した。すると、その地を偵察して来た者のうち、ヌンの子ヨシュアとエフンネの子カレブが、自分たちの衣を引き裂き、イスラエルの全会衆に向かって次のように言った。「私たちが巡り歩いて偵察した地は、すばらしく、良い地だった。もし主が私たちを喜んでおられるなら、私たちをあの地に導き入れ、それを私たちに下さる。あの地は乳と蜜が流れる地だ。ただ、主に背いてはならない。その地の人々を恐れてはならない。彼らは私たちの餌食となる。彼らの守りは、すでに彼らから取り去られている。主が私たちとともにおられるのだ。彼らを恐れてはならない。」

エジプトから約束の地へと上る旅が終わりにさしかかり、約束の地を目前にした民は、スパイたちの報告を聞いて絶望するのです。約束の地には力の強い先住民がいて、行く手を阻んでくることが予想されました。敵の強さを見るなら負ける。ここでイスラエルは負けパターンにはまったのです。

ヨシュアとカレブという二人だけが、勝ちパターンを選んでいました。エジプト軍を打ち破った神に信頼すれば、勝てないことはないと彼らだけが信じたのです。けれども、この説得は功を奏することがありませんでした。戦いの前に、彼らは負けていました。神が自分たちの味方であることを信じる闘いに負け、常識的な戦力の比較で判断して、絶望してしまったのです。女の子孫として始まった彼らが、蛇に飲まれてしまいました。

ここから先、イスラエルはこのパターンの繰り返しを生きていくことになります。神が自分たちの味方であると信じられたとき、彼らは実際に勝利をしました。しかもほとんど自らの手を汚すことなく、奇跡的に勝利するのです。敵が相打ちをしてみたり、天変地異が起こったり。しかし、蛇の方法をとるとき、敗北を喫します。

旧約聖書はこのようにして、実際の戦争を多く描きながら、本当の闘いがどこにあるのかを語る書物です。ですから、旧約聖書の記述を根拠にして、いわゆる「聖戦」――神が肯定する戦争――があるという結論を引き出すことはできません。しかし、新約聖書の時代、イエス・キリストの時代において、この発想はユダヤ人の中にもありました。神が救い主を送るとき、その救い主は聖戦のリーダーになり、当時の腐った政権を打倒し、世界最強のローマ軍を追い散らすという希望が、二〇〇〇年前のイスラエル社会には大きく横たわっていたのです。

転 しかし神が送られた救い主イエスは、このような希望と期待を見事に裏切る方でした。イエスは、戦いの本質を見抜いていました。神のことばに従うのか、蛇のことばに従うのか、そこに戦いの本質があること、いかなる状況においても、神が味方であることを信じきれるのか、そこに闘いのポイントがあることをイエスは知っておられたのです。

マタイの福音書4章には、この戦いの様子が描かれています。1節～11節を読んでみましょう。

それからイエスは、悪魔の試みを受けるために、御霊に導かれて荒野に上って行かれた。そして四十日四十夜、断食をし、その後で空腹を覚えられた。すると、試みる者が近づいて来て言った。「あなたが神の子なら、これらの石がパンになるように命じなさい。」イエスは答えられた。「『人はパンだけで生きるのではなく、神の口から出る一つ一つのことばで生きる』と書いてある。」すると悪魔はイエスを聖なる都に連れて行き、神殿の屋根の端に立たせて、こう言った。「あなたが神の子なら、下に身を投げなさい。

『神はあなたのために御使いたちに命じられる。

彼らはその両手にあなたをのせ、

あなたの足が石に打ち当たらないようにする』と書いてあるから。」イエスは言われた。「『あなたの神である主を試みてはならない』とも書いてある。」悪魔はまた、イエスを非常に高い山に連れて行き、この世のすべての王国とその栄華を見せて、こう言った。「もしひれ伏して私を拝むなら、これをすべてあなたにあげよう。」そこでイエスは言われた。「下がれ、サタン。『あなたの神である主を礼拝しなさい。主にのみ仕えなさい』と書いてある。」すると悪魔はイエスを離れた。そして、見よ、御使いたちが近づいて来てイエスに仕えた。

この戦いは、アダムとエバに仕掛けられた戦いを繰り返しています。しかしイエスは蛇・悪魔のことばではなく、神のことばに信頼して勝利します。

そして、イエスの最終最後の闘いが、十字架において行われることになります。マタイの福音書27章38～50節を読みましょう。

そのとき、イエスと一緒に二人の強盗が、一人は右に、一人は左に、十字架につけられていた。

通りすがりの人たちは、頭を振りながらイエスをののしった。「神殿を壊して三日で建てる人よ、もしおまえが神の子なら自分を救ってみろ。そして十字架から降りて来い。」同じように祭司長たちも、律法学者たち、長老たちと一緒にイエスを嘲って言った。「他人は救ったが、自分は救えない。彼はイスラエルの王だ。今、十字架から降りてもらおう。そうすれば信じよう。彼は神に拠り頼んでいる。神のお気に入りなら、今、救い出してもらえ。『わたしは神の子だ』と言っているのだから。」イエスと一緒に十字架につけられた強盗たちも、同じようにイエスをののしった。

さて、十二時から午後三時まで闇が全地をおおった。三時ごろ、イエスは大声で叫ばれた。「エリ、エリ、レマ、サバクタニ。」これは、「わが神、わが神、どうしてわたしをお見捨てになったのですか」という意味である。そこに立っていた人たちの何人かが、これを聞いて言った。「この人はエリヤを呼んでいる。」そのうちの一人がすぐに駆け寄り、海綿を取ってそれに酸いぶどう酒を含ませ、葦の棒に付けてイエスに飲ませようとした。ほかの者たちは「待て。エリヤが救いに来るか見てみよう」と言った。しかし、イエスは再び大声で叫んで霊を渡された。

十字架、そこはののしりと蔑み、のろいの場です。イエスは、全人類の罪をその身に負って、ここにかかるのです。しかし、ここでも蛇のことばがイエスを追い詰めます。ののしりの声の中に、蛇は語りかけるのです。「十字架にかけられるということは、神はあなたの味方ではないということだ。十字架から降りられないなら、あなたは神に見捨てられたのだ。もう信じるのはよせ。あなたの奇跡の力を使えば、この苦しみから逃れられるだろう。」

このことばに対してイエスは沈黙をもって乗り切る。そして実際に、神に見捨てられる。ただしそれは彼のせいではなく、人類の罪が彼にのしかかったためです。しかし、それでもイエスは神を信じて叫ぶのです。「わが神、わが神、どうしてわたしをお見捨てになったのですか。」これは、祈りのことばです。そして見捨てられてもなお、神が味方であることを信じる祈りです。十字架の上で、イエスはいついかなるときも神が味方であることを信じきって死なれました。

見た目には、イエスの負けのように見えました。しかし、これが決定的な勝利となりました。その証拠に、彼は三日目によみがえったからです。創世記3章15節の預言は、このようにして最終的な成就をしました。蛇の子孫の力は、イエスを十字架に追いやり、殺しました。しかし、イエスはその闘いにおいて神を信頼し、死んで終わらない神の力をその身に受けて、復活したのです。

そして改めて、この道こそ勝利の道であることを明らかにしてくださいました。蛇の子孫から、女の子孫へと生まれ変わる道を開いて、私たちを招いてくださるのです。どんなに神に対して罪深いことをしていても、今まで知らずに神を無視してきたとしても、神は私たちの味方になってくださいます。そのすべての罪を赦し、きよめる十字架の死がイエスによって成し遂げられたからです。イエスを救い主と信じる人を、神は未来永劫、永遠に味方だと言ってくださいます。これが私たちの勝利の力になることは言うまでもありません。こうしてイエスの生き方にならい、イエスの信仰の力を祈りによって分けていただいた者たちは、あらゆる戦いの中にあって、本質的な闘いがどこにあるのかを見分け、その闘いに勝利していくようになります。そこでもう一度、旧約聖書の戦いの物語が私たちのための物語として、意味をもつようになるのです。

結 私たちも日々、様々な戦いの中にあります。敵を見間違えると争いになります。敵、壁、問題の大きさに目を奪われると負けパターンにはまります。しかし、どんな戦いにあっても、何よりも誰よりも強い神様が味方であることを信じるなら勝利があります。この肉のいのちを脅かすような脅威であっても、私たちは負けることはないのです。最後に、ローマ人への手紙8章31～39節のパウロの言葉をかみしめましょう。

では、これらのことについて、どのように言えるでしょうか。神が私たちの味方であるなら、だれが私たちに敵対できるでしょう。私たちすべてのために、ご自分の御子さえも惜しむことなく死に渡された神が、どうして、御子とともにすべてのものを、私たちに恵んでくださらないことがあるでしょうか。だれが、神に選ばれた者たちを訴えるのですか。神が義と認めてくださるのです。だれが、私たちを罪ありとするのですか。死んでくださった方、いや、よみがえられた方であるキリスト・イエスが、神の右の座に着き、しかも私たちのために、とりなしていてくださるのです。だれが、私たちをキリストの愛から引き離すのですか。苦難ですか、苦悩ですか、迫害ですか、飢えですか、裸ですか、危険ですか、剣ですか。こう書かれています。

「あなたのために、私たちは休みなく殺され、
屠られる羊と見なされています。」

しかし、これらすべてにおいても、私たちを愛してくださった方によって、私たちは圧倒的な勝利者です。私はこう確信しています。死も、いのちも、御使いたちも、支配者たちも、今あるものも、後に来るものも、力あるものも、高いところにあるものも、深いところにあるものも、そのほかのどんな被造物も、私たちの主キリスト・イエスにある神の愛から、私たちを引き離すことはできません。

生きている限り、戦いは続きます。勝ったり負けたりすることでしょう。しかし私たちは、主イエスの恵みによって、この戦いを戦い抜き、このいのちを勝利の凱旋によって終えることができるのです。

第7の扉——相　続

起　聖書の大切なポイントをキイワードで学ぶシリーズの第七回目のテーマは「相続」です。ヘブル語で「ナハラー」と言います。日本語の聖書でこの言葉は百五十回以上出てきます。「ゆずり」と訳される場合もあります。旧約聖書から新約聖書の最後までこのテーマは貫かれていますが、最初に開くのはローマ人への手紙4章13節です。

というのは、世界の相続人となるという約束が、アブラハムに、あるいは彼の子孫に与えられたのは、律法によってではなく、信仰による義によってであったからです。

これは、使徒パウロが創世記12章から始まるアブラハムの物語を説明した部分です。パウロはアブラハムに与えられた約束を「世界の相続人となる」ことと要約しています。そしてこの約束はアブラハム個人だけではなく、アブラハムの子孫に与えられたとも語っています。聖書がアブラハムの子孫という場合、彼の生物学的な子孫のことではなく、アブラハムと同じ信仰を継承する者を指しますから、その対象は私たちを含み、最終的に全人類になります。旧約聖書の約束の地、相続地はカナンの地ですが、今や、地球全体が約束の地です。ですから聖書は神が造られた世界（ギリシャ語は「コスモス」＝宇宙全体）を人に相続させるという筋書きをもった書物だということができるのです。

人間社会での相続には、いろいろな厄介事が付きまといます。ある人は相続をもじって「争う家族」と書いています。ですから相続という言葉やテーマが聖書にあると言うと、そのような暗い側面が思い浮かぶ人がいるかもしれません。しかし、理想的に言えば相続とは、親が子どもに自分のいのちによって成し遂げた善いものを譲り渡す行為です。愛する子のために、善いものを譲り渡したいというのは自然な思いでしょう。神様が人に相続を与えるという場合、この愛の具体的な表現だとわかります。また、相続が具体的な「土地」と結びついているのが旧約聖書の特徴です。人間と土地、そこには密接な関係があります。土地をもっていることは実際にはいろいろあって複雑な場合もありますが、全体として見たとき、それは安定した生活の象徴です。

さらに、現代社会の相続は、親の死を契機にして起こりますが、神様の相続は死とは関係ありません。ひと昔前のイエ制度では、親の死に関係なく家督を相続するということがありました。子どもが家督を相続するにふさわしいと親が認めたなら、親は相続を起こして自分は隠居するということがあったわけです。神の相続はこれに似て、人が相続人としてふさわしい資質を身に着けたときに起こるのです。もちろん神は隠居することもないので、神の相続とは神とともにこの世界のすばらしさを味わい、この地で安定した生活を営むことです。

転 ここで相続の「資格」と「資質」という二つの要素をわきまえておかなくてはなりません。相続の資格は、神との関係によって定まります。すなわち、神の子どもであれば、相続人です（ローマ人への手紙8章17節参照）。そして人はどのように神の子どもとなるのかというと、神の一方的な恵みによって、信仰のみを通して、この立場をいただきます。人間の努力とか、業績とかではなく、神の愛によって私たちは神の子どもとなります。具体的には、イエス・キリストの生涯によって現された神の愛を自分のためのものとして受け取る、その御名を信じるとき神の子どもとされるのです。ヨハネの福音書1章12節に「しかし、この方を受け入れた人々、すなわち、その名を信じた人々には、神の子どもとなる特権をお与えになった」とある通りです。

ですから、相続とは、いわゆる「御恩と奉公」のような関係ではありません。私たちが神の子どもとなるために、最大の障壁は私たちの罪です。これを取り除くために、イエス・キリストは十字架にかかりました。このわざに私たちは何一つ加えることができず、してはならず、ただ感謝して受け取る心の低さだけが求められます。

その一方で、相続人としての「資質」は、成長させる必要があります。神はこの世界にあるすべてのものを神の心にかなって楽しむこと、神の心にかなって生かすことを望まれます。神の相続は、この世界を独り占めすることでも、搾取したり乱用したりすることでもありません。数えきれないほど多くの相続人である人類全体と平和のうちに分かち合うものです。

承 そういうわけで、相続財産であるこの世界をふさわしく用いるための手と心が鍛えられ、整えられる必要があります。そして旧約聖書の律法（第4の扉参照）の大部分は、この相続人の資質を鍛えるための手引きとして与えられているとも言えるのです。

例えば、律法には相続地の境界線についての定めが書かれています。民数記26章53〜55節を開いてみましょう。

「これらの者たちに、その名の数にしたがって、地を相続地として割り当てなければならない。大きい部族にはその相続地を大きくし、小さい部族にはその相続地を小さくしなければならない。それぞれ登録された者に応じて、その相続地は与えられる。ただし、その地はくじで割り当てられ、彼らの父祖の部族の名にしたがって受け継がれなければならない。」

ここで、相続地が部族の大きさによって割り当てられること、くじ引きで場所が決まることが述べられます。つまり、相続は各自の分に応じて与えられること、その決定は神から来ることがわかります。人は与えられた相続地の大小にケチをつけてはならず、場所の良し悪しも言えないのです。ここに訓練があります。自分の土地を主からの善い贈り物と受け止め、他と比較せずに与えられたものを生かすことに注力できるかが問われるからです。

私たちは生まれたときから個性をもっており、違いがあります。しかしその個性や能力は、神が備えてくださったものであり、人と比べて云々するのではなく、与えられたものを良いものと感謝して受け止め、それに満足し、自分に与えられたものを最大限に生かすことに注力することが求められるということです。他人の境界線を侵害して自己拡張していくのではなく、自分に与えられた分をわきまえてこれを守り、その中にある様々な資源を見出し、これを発展させることが、相続人となる資質なのです。

この訓練の最中には、失敗が起こり得ます。資質が十分ではないゆえに、神の心に反した生き方をしてしまう、そういうことが起こります。そしてそのとき、神は人をその相続地から追放することさえある。イスラエルの歴史はそのように展開していきます。しかし、「資質」の有無は「資格」を奪うものではありません。神の心に反した生き方を悔い改めるなら、神は何度でも相続人としての訓練を再開してくださるのです。このこともイスラエルの歴史が実証しています。

相続人でありながら、相続の資質が十分でない状態、それゆえ安定した生活が確立されていない状態、このことを聖書は「寄留者」と呼びます。アブラハムは、約束の地に住みましたが、彼が所有したのは妻サラのための墓地だけでした。その土地はやがて、神様から相続としていただけることになっていましたが、彼自身は約束の地で寄留者として生きました。やがて、出エジプトの後のイスラエルがカナンの地に入植していくわけですが、そこでも神様はイスラエルに対して不思議なことを言われます。

「土地は、買い戻しの権利を放棄して売ってはならない。土地はわたしのものである。あなたがたは、わたしのもとに在住している寄留者だからである。」（レビ記25章23節）

彼らは約束の地、相続地に入ったわけですが、相変わらず土地は主のものであり、まだ相続が起きていないということ、寄留者状態であることが述べられます。つまり、彼らは約束の地で、土地所有者、相続を受けたかのように生きられるのですが、実際はそうではなく、あくまでも相続の資質を訓練するための期間なのです。人間社会のレベルでは、土地を所有していたとしても、それだけで安定した生活が営めるわけではありません。主の道を学び、主の道に従い、主に頼ることなしに安定はないことをイスラエルは学ぶ必要がありました。そしてそれは現代の私たちのためでもあります。

結 旧約聖書の信仰者も、キリストを信じて神の子どもとされた私たちも、相続の資質という観点から言えばみな寄留者です。実際に土地をもっていようといまいと、不安定な世界を私たちは生きていると認識しなくてはいけません。物質的な物の大小は、本当の安定を左右するものではありません。人間的に、社会的にどんなに不安定であっても、主が支えてくださることに信頼できるなら、主の存在が相続地の代わりになり、安心して生きていくことができるのです。そして、そのようにして主に頼り、主に従う訓練を重ねる人生の先に、相続が待っています。やがての日、私たちのこの肉のいのちが終わった後、主を信じる者たちは復活する。そのときこそ、相続の資質が完全になるときです。私たちはその日を待ち望みますが、現在もあきらめることはありません。神の子とされた者には相続が約束されており、今は寄留者として苦労することがあっても、その苦労は報われる。今は寄留者であっても、主に頼るなら、相続地をすでに得たかのような安心と安定感で生きることも可能だからです。

やがての日、私たちはこの世界を相続することになる。割り当てられる地がどんなところか、わくわくします。きっと私たちのもつ文化、風土を神様はお考えくださって、ちょうどよいところをくださるでしょう。詩篇16篇の作者が「割り当ての地は定まりました。私の好む所に。／実にすばらしい　私へのゆずりの地です」と歌ったように。ある意味で、そこは見知らぬ地かもしれませんが、ある意味ではよく知った場所、ふるさとと言えるところであるでしょう。

そしてその相続地は、今のこの地とつながっています。だからこそ、私たちはこの地を大切にし、この地が生かされるようにします。また自分を大切にし、自分を生かす努力をします。人を大切にし、人を生かす努力をするのです。

世界の相続人となるために、神の救いを受け取りましょう。そして相続人にふさわしい資質を身に着けるため、神の訓練を受け続けましょう。これは日常の中で起こる、永遠の価値をもつ営みです。

第8の扉——祭　司

聖書の大事なところを押さえるシリーズの第八回目、今回のキイワードは「祭司」です。日本語で「祭司」というと「祭りを司る」と書きますので、宗教的な事柄を管理したり、執行したりする人というイメージが強いでしょう。教会で言えば、牧師が祭司に当たると考えられやすいです。これは半分正しいのですが、半分間違っています。どういうことか、聖書を追いかけていきましょう。

起 最初に開くのは、出エジプト記19章6節です。これまでもこの箇所は何回か開きました。創世記12章と同様に出エジプト記19章はいろいろなキイワードが交差する重要なところです。「『…あなたがたは、わたしにとって祭司の王国、聖なる国民となる。』これが、イスラエルの子らにあなたが語るべきことばである」とあります。

「祭司の王国」という表現が出てきます。直訳は「祭司たちの王国」ですので、一人の祭司が治める国になるのではなく、祭司でいっぱいの国になるというニュアンスがくみ取れます。並べられている「聖なる国民」というのも、「祭司」は「聖なる者」であるという当時の常識からすると、イスラエルを構成する民全体が、聖なる者になることがイメージできます。これは、当時の世界では常識外れなものです。当時の一般的な王国は、祭司集団が、政治的にも権力をもって国を治めるという形だったからです。しかし聖書の描く理想は、みなが祭司になることだったのです。

けれども、聖書を読み進めていくと、祭司とそれ以外の人々という区別がすぐにできます。イスラエルの部族の中でレビ族が選ばれ、その中でもアロンの家系が、祭司になっていくのです。それで、イスラエルという国の姿は、当時として割と一般的な姿から始まったのだとわかります。しかし、始まりはそうであっても最終的な姿は「祭司の王国」だったのです。神様はまず、アロンの家系を祭司にすることで、祭司とはどういうものかをイスラエルに教えようとしたのです。そしてそれは私たちにとっても意味があります。

祭司はどういう存在かというと、第一に言えることは「主に近づける」ということです。同19章22節に「主に近づく祭司たちも自分自身を聖別しなければならない。主が彼らに怒りを発することのないように」とあります。主に近づくことができるのが祭司です。そして、主に近づくには、聖別というプロセスが必要だったということがわかります。「聖別」というのは、自分がそのままでは神に近づくことができないことを自覚して、近づくために神様が用意された手続き、儀式を行うことです。具体的には、水で身体を洗ったり、動物のいけにえをささげたり、特別に調合された香りの高い油を身体に注いだりすることなどです。これによって、神が聖なるお方であり、神に近づくには聖なる者でなくてはいけないことを表現しました。それから祭司は、特別な服をまといました。そのことを教えているのが出エジプト記28章です。2〜4節を読んでみましょう。

「また、あなたの兄弟アロンのために、栄光と美を表す聖なる装束を作れ。あなたは、わたしが知恵の霊を満たした、心に知恵ある者たちに告げて、彼らにアロンの装束を作らせなさい。彼を聖別し、祭司としてわたしに仕えさせるためである。彼らが作る装束は次のとおりである。胸当て、エポデ、青服、市松模様の長服、かぶり物、飾り帯。彼らは、あなたの兄弟アロンとその子らが、祭司としてわたしに仕えるために、聖なる装束を作る。」

この服によって「栄光と美を表す」――神の栄光と、神の美を表すのです。これが祭司の第二の特徴です。祭司は、聖なる神に近づくために自分自身を聖別しますが、同時に他の人に対して神の代理人として、神の栄光と美を表現する衣装をまとったのです。

そして祭司には道徳的にも高い基準が要求されました。神の選びと儀式的プロセスによって、祭司に任命されますが、任命されたからには、倫理的にもまっとうでなくてはいけませんでした。それは聖なる神に近づく者であるからであり、神の聖なることを人々に示すためでした。祭司を任命する儀式の中で、とりわけ象徴的な場面があります。レビ記8章22～24節を読みましょう。

次に、彼はもう一匹の雄羊、すなわち任職のための雄羊を連れて来させた。アロンとその子らはその雄羊の頭に手を置いた。それが屠られると、モーセはその血を取り、それをアロンの右の耳たぶと右手の親指と右足の親指に塗った。さらに、モーセはアロンの子らを近づかせ、その血を彼らの右の耳たぶ、また右手の親指と右足の親指に塗った。モーセはその血の残りを祭壇の側面に振りかけた。

ここで「耳たぶ」「右手の親指」「右足の親指」に血が塗られます。（おそらく実際に塗られたのは指の爪でしょう。）これは、神の声によく聞く（耳）こと、神の喜ぶ行為をする（手）こと、神の喜ぶ生き方をする（足）こと、つまり生活全体が神の聖なることを現すものとなるようにというメッセージをもっています。これはとても尊いことであり、同時に厳しいことです。ですから、民の一部にこの役割が限定されたのは、神の優しさであると言えます。祭司として選ばれた者たちは、民を代表して、高い基準に生きることを決意したのです。

承 しかし、神様はこの高い基準で生きる者を増やしていこうと考えておられました。どういう人がこの祭司の基準に招かれるのか、それがレビ記14章でわかります。

主はモーセにこう告げられた。「ツァラアトに冒された者がきよめられるときのおしえは、次のとおりである。彼が祭司のところに連れて来られたら、祭司は宿営の外に出て行く。祭司が調べて、もしツァラアトに冒された者の、その患部が治っているなら、祭司はそのきよめられる者のために、二羽の生きているきよい小鳥と、杉の枝と緋色の撚り糸とヒソプを取り寄せるように命じる。」（レビ記14章1～4節）

ツァラアトというのは、今ではどういう病気だったかわかりませんが、祭儀的な汚《けが》れときよめに関わって扱われた皮膚病で、神の力によれば治ると信じられていました。この病に冒されると、神の聖からもっとも遠いところに行ったと考えられました。ツァラアトの人に触れた人も汚れるとされていたため、この病に冒された人は、「汚れている」と叫びながら自己隔離しなくてはならなかったのです。

レビ記14章には、このツァラアトから回復した場合、その人をどうするかということが定められています。そこに興味深い儀式が出てきます。14章25節です。

「代償のささげ物の子羊を屠る。祭司はその代償のささげ物の血を取って、それを、きよめられる者の右の耳たぶと右手の親指と右足の親指に塗る。」

この儀式は、先ほど出てきた祭司の任命式の儀式とそっくりです。つまり、神の聖なる力に触れられ病を癒やされ、死からいのちに移された者が、きよめられて（事実上の）祭司となるということがここに暗示されています。もっとも聖から遠い者に、神様はご自分の力を現し、その者をもっとも近いところに招く、そしてその人を、神の聖なる基準で生きる祭司にしようとする計画がここに隠されていると言えます。

転 そして、この計画はイエス・キリストによって実現することになるのです。

イエスが山から下りて来られると、大勢の群衆がイエスに従った。すると見よ。ツァラアトに冒された人がみもとに来て、イエスに向かってひれ伏し、「主よ、お心一つで私をきよくすることがおできになります」と言った。イエスは手を伸ばして彼にさわり、「わたしの心だ。きよくなれ」と言われた。すると、すぐに彼のツァラアトはきよめられた。イエスは彼に言われた。「だれにも話さないように気をつけなさい。ただ行って自分を祭司に見せなさい。そして、人々への証しのために、モーセが命じたささげ物をしなさい。」（マタイの福音書8章1～4節）

一般論としては、ツァラアトのように聖から離れた、汚れた者の汚れは、触ると他の人も汚れさせると考えられていましたし、聖書にもそのように教えられていました。しかし、ここでは逆のことが起こります。イエスは汚れるのではなく、イエスの聖さがこの病人のほうに流れて、きよくなるのです。

ここでわかってくることがあります。聖書はツァラアトに冒された人をひとつのシンボルとして用いているのです。自分が、聖なる神の前に近づくことができない、汚れた者であるという自覚と、同時に神はこの汚れた者を見捨てず、癒やし、きよめてくださるという神の愛への信頼が、イエスという仲介者のもとで結び合うときに、人は聖なる者へと変えられ、神に近づくことができる者になるという逆転が起こるのです。そして、この神の力、神の愛に触れた者は、この神の栄光と麗しさ（美）を表すために、自分の人生を生きていきたいと思うようになります。そのとき、神の示される高い道徳基準で生きることが重荷ではなく喜びになるのです。このモチベーションをもてないなら、その人はまだ祭司になることができません。だから旧約聖書の間は、祭司として神に近づくことができる人はごく限られていたのです。けれども、イエス・キリストが来られたことにより「祭司の王国」のビジョンが実現していくことになります。

人を祭司にするための儀式には、動物のいけにえの血が必要でしたが、イエス・キリストが十字架で流された血が、すべての人を祭司にするために有効なものと認められました。イエスの御名を信じた人には、神がその血を、その人の心にふりかけてくださるのです。また、人を祭司にするためには、血が流されることに前後して、水の洗い、そして油を注ぐ儀式がありました。これは、聖霊が信じる人の心に与えられることの象徴です。聖霊が心を洗い、聖霊が油のようにその人に注がれて、たましいを満たすものとなったのです。こうして、旧約聖書の儀式的なプロセスは、イエスの十字架と聖霊の注ぎによって、完全な形で用意されたので、私たちは儀式から解放されました。そして、祭司とされた者は、神に大胆に近づき、神の力を受けることができるようになりました。ヘブル人への手紙4章16節と10章22節を読みましょう。

ですから私たちは、あわれみを受け、また恵みをいただいて、折にかなった助けを受けるために、大胆に恵みの御座に近づこうではありませんか。（4章16節）

心に血が振りかけられて、邪悪な良心をきよめられ、からだをきよい水で洗われ、全き信仰をもって真心から神に近づこうではありませんか。（10章22節）

私たちは今、こうして何のためらいも、恐れもなく、ただイエスの御名で祈ることができます。神様に直接ものが言える。この近さはイエス様のおかげで与えられたものです。それと同時に、神の聖さに見合うように、自分自身の内面、品性を高めていくことへと招かれていきます。これがキリストに似る者へと変えられるという、キリスト信仰者の成長の道です。祭司が、祭司用の衣装を身にまとったように、キリスト信仰者は、キリストを着るように、イエスの品性、イエスの倫理性、イエスの愛を身にまとうようにと招かれているのです。ローマ人への手紙13章13～14節を読みましょう。

遊興や泥酔、淫乱や好色、争いやねたみの生活ではなく、昼らしい、品位のある生き方をしようではありませんか。主イエス・キリストを着なさい。欲望を満たそうと、肉に心を用いてはいけません。

私たちが、神の栄光と美、神の聖なることを表す内実を宿し、そのような生き方をしていくとき、私たちはまだこの方を知らない人との間の仲立ちをすることができるのです。そして、旧約聖書時代の祭司は、失敗すると死ぬことになっていましたが、私たちにはその失敗のための死を、代わりに死んでくださったイエス様がおられるので、失敗を恐れず、何度でもチャレンジできるし、いきなり高みに上るのではなく、少しずつ神の聖さに近づいていくことができる、ゆとりも与えられているのです。だからといって、怠けてよいことにはなりません。神の力と愛に触れた人は、少しでも神様に近づきたいという願いを宿すようになるからです。

結　このようにして、すべての人が、神の祭司になることが聖書のビジョンです。だから教会で、牧師だけが祭司というのではまずいのです。みなが祭司であり、みなで祭司の内実を身に着けていく、その道を歩んでいくのが教会なのです。そのことを使徒ペテロはこのように言っています。

しかし、あなたがたは選ばれた種族、王である祭司、聖なる国民、神のものとされた民です。それは、あなたがたを闇の中から、ご自分の驚くべき光の中に召してくださった方の栄誉を、あなたがたが告げ知らせるためです。あなたがたは以前は神の民ではなかったのに、今は神の民であり、あわれみを受けたことがなかったのに、今はあわれみを受けています。（ペテロの手紙第一 2章9～10節）

もっとも神から遠いところにいた者を、もっとも近いところに招く神の愛を受け取ることによって、私たちは祭司とされます。そして、神の聖さに向かって、あらゆる熱意を傾けて生きていきます。しかし、そのプロセスにおいて私たちはますます自分の汚れを自覚させられるでしょう。主に近づけば近づくほど、自分の罪汚れが見えてくるものです。けれども、そこでまたその汚れをきよめてくださる主と出会うのです。預言者イザヤは、この体験をイザヤ書6章1～8節で次のように証言しています。

ウジヤ王が死んだ年に、私は、高く上げられた御座に着いておられる主を見た。その裾は神殿に満ち、セラフィムがその上の方に立っていた。……互いにこう呼び交わしていた。

「聖なる、聖なる、聖なる、万軍の主。／その栄光は全地に満ちる。」

その叫ぶ者の声のために敷居の基は揺らぎ、宮は煙で満たされた。私は言った。

「ああ、私は滅んでしまう。／この私は唇の汚れた者で、／唇の汚れた民の間に住んでいる。／しかも、万軍の主である王を／この目で見たのだから。」

すると、私のもとにセラフィムのひとりが飛んで来た。その手には、祭壇の上から火ばさみで取った、燃えさかる炭があった。彼は、私の口にそれを触れさせて言った。

「見よ。これがあなたの唇に触れたので、／あなたの咎は取り除かれ、
あなたの罪も赦された。」

私は主が言われる声を聞いた。「だれを、わたしは遣わそう。だれが、われわれのために行くだろうか。」私は言った。「ここに私がおります。私を遣わしてください。」

私たちも、イザヤと同じような経験をしながら聖なる者（祭司）へと変えられていくのです。

第9の扉――さばき

起 聖書の大事なところを押さえるシリーズ、第九回目のテーマは「さばき」です。最初に開くのは詩篇146篇です。ご一緒に読んでみましょう。

ハレルヤ。
わがたましいよ　主をほめたたえよ。
私は生きているかぎり　主をほめたたえる。

いのちのあるかぎり　私の神にほめ歌を歌う。
あなたがたは君主を頼みとしてはならない。
救いのない人間の子を。
霊が出て行くと　人は自分の土に帰り
その日のうちに　彼の計画は滅び失せる。
幸いなことよ　ヤコブの神を助けとし
その神　主に望みを置く人。
主は　天と地と海
またそれらの中のすべてのものを造られた方。
とこしえまでも真実を守り
虐げられている者のためにさばきを行い
飢えている者にパンを与える方。
主は捕らわれ人を解放される。

主は目の見えない者たちの目を開け
主はかがんでいる者たちを起こされる。

主は正しい者たちを愛し
主は寄留者を守り
みなしごとやもめを支えられる。
しかし悪しき者の道は　主が曲げられる。
主は　とこしえに統べ治められる。
シオンよ　あなたの神は　代々に統べ治められる。
ハレルヤ。

7節に「さばき」という言葉が出てきます。ヘブル語は「ミシュパット」と言います。私たちは「さばき」と聞くと裁判所のイメージを思い浮かべるでしょう。けれども新改訳2017で、平仮名で訳された「さばき」は、私たちが日常使う言葉と意味の範囲が違うことを示しています。現代社会では、たいていの国で三権分立が確立されています。行政権、立法権、司法権の三つはそれぞれ政府、国会、裁判所と分かれているわけです。けれども、古代社会ではそうではありません。その是非はともかくこの三つは一人の王に集中していました。聖書はそのような背景の中で書かれています。この王の統治行為全体を「さばき」という言葉で言い換えることができます。この詩篇は、そのことをよく描いているものの一つです。前半で人間の君主と、主なる神の比較がされています。そして主なる神がどのような方かを描くのですが、「虐げられている者のためにさばきを行う方」という部分が中心的な宣言です。これを説明するために、具体的な行為が述べられるという形になっています。つまり「さばき」の中には、次のことが含まれます。

「飢えている者にパンを与える」、これは今日でいう生活保護のようなものです。ここには、経済的な再分配を行うことが含まれます。「捕らわれ人を解放」される。これは敵国に捕まった者、今でいう拉致被害者を取り返すことです。外交が含まれることは言うまでもありません。「目の見えない者たちの目を開け」とは、盲目を癒やす奇跡という意味でも理解できますが、障害者の救済をあげているというより、教育が不十分な者を指す比喩と理解して、「教育を与えること」、今でいう教育行政を指すと読んでよいでしょう。同じように「かがんでいる者たちを起こす」ことも、比喩であって精神的なことを言うのでしょう。現代的に言えば精神保健に関することです。「正しい者を愛する」とは、当たり前の秩序の維持に関係します。王が不正を愛するなら、社会に悪がはびこるからです。「寄留者」「みなしご」「やもめ」とはいずれも経済的基盤をもたない社会的に弱い立場にある人たちです。これを支えるのですから、これは今日の社会福祉、権利擁護に当たります。そして最後に「悪しき者の道は主が曲げられる」とあり、これは今日の警察や検察といった司法行政を描いています。この働きの主眼は犯罪被害者の救済です。

私たちの生きている社会で考えても、ここで描かれたような様々な統治行為が十分に行き届くなら、とても住みやすい社会になるでしょう。聖書がいう「さばき」はこの統治行為全体を指す言葉です。「さばき」とは、現代的に言えば「政治」全般を指す言葉なのです。「人間が二人いれば、そこには政治が存在する」（米政治学者ロバート・ダールの言葉）と言われます。善いさばき（政治）がされることは、私たちにとって救いとなるのです。神様は、この世界を創造されて、あとは放置しているということではなく、この世界の統治者として責任をもち、休むことなく働いておられる方です。それが「とこしえまでも真実を守る」という意味です。

ここで浮かぶ疑問は、現実とのギャップです。神がこのようなすばらしい「さばき」をなさる、そしてとこしえに真実を守るというのに、社会は混沌としていて、神のさばきは行われていないように見える。このことをどう考えたらよいのでしょうか。

ここで出てくるのが、人間の役割です。神様はこの世界を治める任務を人間とともに果たそうと計画され、そのように世界全体をデザインされました。そして人々を導いて、社会制度をつくり、神の「さばき」を実行していくように願われたのです。神が計画されたのは、まことのさばき主である神から人が学び、それを現場で生かしていくという形でした。しかし、人間が神に背き、神から離れていったので、人々は自己流のさばきを発達させました。自己流であっても、神は人に心を与え、良心を与え、経験から知恵を身に着けることができるようにしていましたから、神から離れた社会であっても、それなりのさばきは実践されました。例えば「論語」などはそのような模索の一つの集大成です。

けれども、時として自己流のさばきはおかしな方向に暴走することがありました。強大な権力が幅を利かせ、神のさばきからほど遠い状態になってしまうことが歴史の中でたびたび起こります。

そのようなとき、神は行動されます。権力者が病に倒れたり、暗殺されたり、天変地異が起こったり、様々な方法で神はその社会に介入し、世の悪が限度を超えることがないようにされるのです。このようにして、神は、ご自分のさばきが維持されるようになさいます。この介入のことを、「神のさばき」と人は言うかもしれません。これは狭い意味での使い方です。このような例は聖書の中に確かに見られます。創世記で言えば、ノアの箱舟で有名な洪水のこと、バベルの塔の出来事があげられます。しばしば、そこで起こることの悲惨さをあげて、聖書は恐ろしいとか、聖書の神は残忍だとか言われますが、そうではないのです。人間が恐ろしく残忍になってしまい、自己制御ができなくなるとき、神はさばきのために行動されるのです。

承 さて、そういう流れの中で、アブラハムが祝福の器として選ばれ（第2の扉参照）、イスラエルが祭司の王国として選ばれていく（第8の扉参照）ことを覚えましょう。そこにある大きな目的は、神のさばきを学び、神のさばきを実践するためでした。自己流のさばきには限界があるので、神は直接、ご自分のさばきを教えて、これによって社会を形づくり、他の国の模範となるように計画されたのです。創世記18章17～19節を読みましょう。

主はこう考えられた。「わたしは、自分がしようとしていることを、アブラハムに隠しておくべきだろうか。アブラハムは必ず、強く大いなる国民となり、地のすべての国民は彼によって祝福される。わたしがアブラハムを選び出したのは、彼がその子どもたちと後の家族に命じて、彼らが主の道を守り、正義と公正を行うようになるためであり、それによって、主がアブラハムについて約束したことを彼の上に成就するためだ。」

ここで19節に「正義と公正」とありますが、この「公正」ということばが「ミシュパット」すなわち「さばき」です。ここで、神は、ソドムとゴモラという都市国家が、限度を超えて悪に傾いている状況に介入しようとしますが、そのことをアブラハムに事前に教えて、彼の対応を見定めようとします。この町には彼の甥、ロトが住んでいたのです。ロトは、この町がどうにか悪に傾かないように頑張っているのですが、このままではロトも巻き添えで死んでしまうことになる。アブラハムはそれを懸念して、神と交渉します。もちろん神はここで何をするつもりかをわきまえているのですが、あえてアブラハムと問答して、神のさばきの何たるかを教えようとします。そしてアブラハムから、このことばを引き出すのです。

「正しい者を悪い者とともに殺し、そのため正しい者と悪い者が同じようになる、というようなことを、あなたがなさることは絶対にありません。そんなことは絶対にあり得ないことです。全地をさばくお方は、公正を行うべきではありませんか。」（同25節）

確かに、神様はそのようなお方でした。神は、全地をさばく（ミシュパット）お方であり、公正（ミシュパット）を行う方でした。それでロトの家族は、この神の介入から助け出されるのでした。

さて、このようなストーリーで展開されていく聖書の物語は、この後どういう筋をたどるのでしょうか。まず、イスラエルに「神のさばき」が授けられることになります。神様が世界を治めたいと願っている方法が、具体的に示される。そして、実行に移す際に選ばれるリーダーたちが「さばきつかさ」と呼ばれます。

ところが、イスラエルはこの神のさばきを蔑《ないがし》ろにします。そうすると、神はイスラエルを正しい道に戻すために矯正手段を用いるのです。時にはイスラエルよりも悪い状態の残虐な民さえ利用して、神はイスラエルをさばくのです。これが、イスラエルの歴史の典型的なサイクルになりました。士師記2章を開いてみましょう。

彼らは、エジプトの地から自分たちを導き出した父祖の神、主を捨てて、ほかの神々、すなわち彼らの周りにいるもろもろの民の神々に従い、それらを拝んで、主の怒りを引き起こした。彼らが主を捨てて、バアルとアシュタロテに仕えたので、主の怒りがイスラエルに向かって燃え上がり、主は彼らを略奪する者の手に渡して略奪されるままにし、周りの敵の手に彼らを売り渡された。彼らはもはや、敵に立ち向かうことができなかった。彼らがどこへ行っても、主の手は彼らにわざわいをもたらした。主が告げ、主が彼らに誓われたとおりであった。彼らは大いに苦しんだ。

そのとき、主はさばきつかさを起こして、略奪する者の手から彼らを救われた。ところが、彼らはそのさばきつかさにも聞き従わず、ほかの神々を慕って淫行を行い、それらを拝んだ。彼らの先祖が主の命令に聞き従って歩んだ道から早くも外れて、先祖たちのようには行わなかった。主が彼らのためにさばきつかさを起こしたとき、主はさばきつかさとともにおられ、そのさばきつかさが生きている間、彼らを敵の手から救われた。これは、圧迫し、虐げる者を前にして彼らがうめいたので、主があわれまれたからである。しかし、さばきつかさが死ぬと、彼らは元に戻って先祖たちよりもいっそう堕落し、ほかの神々に従い、それらに仕え、それらを拝んだ。彼らはその行いや、頑なな生き方から離れなかった。（士師記2章12～19節）

ここで、主を捨てて偶像に走る様子が描かれますが、これは単に宗教的な問題ではなく、さばきの問題、政治的な公正さの問題と絡んでいるのです。主に従うとは、主のさばきを実行することだからです。そして、主のさばきが実行されないなら、社会的弱者は守られず、権力が暴走することになるのです。どの神を信じるのかということと、どのような生き方をし、どのような社会を形づくるのかは密接につながっているのです。

イスラエルは、さばきつかさの時代の後に、さばきを世襲制で行う「王」を立てるようになります。その初代の王はサウルといいますが、彼もまた道を誤っていきます。そして彼の優秀な部下であるダビデを嫉妬心から殺そうとします。ダビデは逃亡するのですが、そこで「さばき」のもうひとつの側面が描かれます。サムエル記第一24章11～15節にあるダビデのサウルに対することばを読んでみましょう。

「わが父よ。……私の手に悪も背きもないことを、お分かりください。あなたに罪を犯していないのに、あなたは私のいのちを取ろうと狙っておられるのです。どうか、主が私とあなたの間をさばき、主が私のために、あなたに報いられますように。しかし、私はあなたを手にかけることはいたしません。昔のことわざに『悪は悪者から出る』と言います。私はあなたを手にかけることはいたしません。イスラエルの王はだれを追って出て来られたのですか。だれを追いかけておられるのですか。死んだ犬の後でしょうか。一匹の蚤の後でしょうか。どうか主が、さばき人となって私とあなたの間をさばき、私の訴えを取り上げて擁護し、正しいさばきであなたの手から私を救ってくださいますように。」

ここで、「主が私とあなたの間をさばいてくださるように。」「主がさばき人となってくださるように」とダビデは言います。人間社会が機能不全になったとき、そしてその人にこれを正す力がないとき、信仰がなければ泣き寝入りするばかりですが、信仰者は違います。人間社会を超えたところにおられる神様に、神様のさばきに掛け合うことができる。

ダビデはこのようにして、主が自分のいのちを守ってくださることを求めたのです。詩篇には、主のさばきを待ち望む祈りが多くみられます。主のさばきは救いなのです。そして、主のさばきを慕い求めた人は、主のさばきを実行するようになる。それでダビデ王は、このように言われます。「ダビデは全イスラエルを治めた。ダビデはその民のすべてにさばきと正義を行った。」（サムエル記第二8章15節）

転 残念ながら、このようにほめられたダビデも後には主のさばきを行うことができなくなります。彼は国を治めることはできましたが、自分の家族をさばくことができなかったのです。そしてその結果、イスラエル王国は下り坂を転がっていきます。神のことばにより、神のさばきの何たるかを教えられた民だったのに、神にさばかれる立場になってしまうのです。けれども、その下り坂で、希望が示される。ダビデの子として生まれる新しい王が、もう一度、神のさばきを回復するという希望です。

イザヤ書9章6節と7節を読みましょう。

ひとりのみどりごが私たちのために生まれる。
ひとりの男の子が私たちに与えられる。

主権はその肩にあり、
その名は「不思議な助言者、力ある神、
永遠の父、平和の君」と呼ばれる。
その主権は増し加わり、その平和は限りなく、
ダビデの王座に就いて、その王国を治め、
さばきと正義によってこれを堅く立て、
これを支える。今よりとこしえまで。
万軍の主の熱心がこれを成し遂げる。

「さばきと正義」、この組み合わせは、神様がこの世界に実現したい社会秩序です。そして、この預言された王こそ、イエス・キリストなのです。

これは、預言者イザヤを通して語られたことが成就するためであった。
「見よ。わたしが選んだわたしのしもべ、
わたしの心が喜ぶ、わたしの愛する者。
わたしは彼の上にわたしの霊を授け、

彼は異邦人にさばきを告げる。
彼は言い争わず、叫ばず、
通りでその声を聞く者もない。
傷んだ葦を折ることもなく、
くすぶる灯芯を消すこともない。
さばきを勝利に導くまで。
異邦人は彼の名に望みをかける。」（マタイの福音書12章17〜21節）

結

「さばき」という言葉の背景を知らないと、どうして「さばきを告げる」ことが「望み」になるのか、わからないことでしょう。しかし、神のさばきが実行されるとき、正義が回復し、人々は暮らしやすくなるのです。そして、イエス・キリストがもう一度、この世界に戻ってくるとき、神のさばきは完全なものになります。それが「さばきを勝利に導く」と言われるときです。歴史は、この時に向かって進んでいきます。それで、今の時代、神のさばきを先取りして生きることが求められます。キリストが来られたときに、自己流のさばきでは、もちこたえられません。イエス・キリストが復活された以上、永遠に神の前に生きる世界が、必ずやってきます。このとき、私たちは神のさばきの中を生きることになる。それは悪いことではなくて、とても素晴らしいことだということが、この学びからわかるでしょう。

一方で、イエス・キリストが再び来られる再臨までの間は、さばきが曲げられ不条理が横行することも確かです。しかし、だからといって神のさばきを先取りして生きることが無意味なわけではありません。最終的な決着は未来にやってくるからです。それで伝道者の書12章にこう書かれています。

神は、善であれ悪であれ、／あらゆる隠れたことについて、／すべてのわざをさばかれるからである。（14節）

ヘブル語では「神はすべてのわざを、さばきの中に持ち込む」という表現です。つまり、これは隠れた悪いこともいずれ暴かれるからやめておけとか、隠れた善も後で神がほめてくれるとか、そういうことに終始するのではありません。神はすべてのことをご自分が世界を治めるわざの中に織り込むことがおできになる。だからこそ、この方に信頼して、たとい不条理な世界にあっても顔を上げて生きていくようにとの招きなのです。

第10の扉——平　和

起　聖書の大事なところを押さえるシリーズの十回目、最後のキイワードは「平和」です。ヘブル語で「シャローム」と言います。最初に開くのは、民数記6章22～27節です。

主はモーセにこう告げられた。「アロンとその子らに告げよ。『あなたがたはイスラエルの子らに言って、彼らをこのように祝福しなさい。

主があなたを祝福し、／あなたを守られますように。

主が御顔をあなたに照らし、／あなたを恵まれますように。
主が御顔をあなたに向け、
あなたに平安を与えられますように。』
アロンとその子らが、わたしの名をイスラエルの子らの上に置くなら、わたしが彼らを祝福する。」

これは「アロンの祝禱」と呼ばれるもので、教会の礼拝でも用いられる祝福のことばです。「主が」、「主が」、「主が」、と三回繰り返されます。三つの祝福があるというより、三つで一つの祝福です。そのクライマックスに「シャローム」が来ます。シャロームは、平和と訳されたり、平安と訳されたりします。とても意味の広い言葉です。

この言葉は動詞「シーレーム」の派生語です。シーレームには「支払う」という意味があります。ですからシャロームは、支払い済み、負債がない状態のことです。互いに脅かされることなく正面から向かい合える状況なら、そこにシャロームがあるのです。このシャロームは、人間存在の全方位にわたります。

第一に、神との間のシャロームが重要です。次に人間同士のシャローム、社会的シャロームです。さらに被造世界、人間以外のあらゆるものとのシャロームです。シャロームが行き渡る世界。これが聖書の神の目指す世界であり、私たちをこの世界に導こう、ともにこの世界を築いていこうとされているのです。

二〇二一年の今、シャロームが失われていることを私たちは痛感しています。もし私が新型コロナウイルスに罹っていて、皆さんにその免疫がなかったとしたら、私と会うことは大丈夫なことではありません。だからそこに社会的シャロームはないことになります。今、私たちは暫定的な方法で、どうにかシャロームを確保しようとしています。距離をとったり、マスクをつけたり。でも、これがなくならないとシャロームにはなりません。

聖書は創造の始まり、世界の初めにシャロームがあったことを次のように描きます。「そのとき、人とその妻はふたりとも裸であったが、恥ずかしいとは思わなかった。」（創世記2章25節）

シャロームという言葉こそ出てきませんが、二人の間に何の隠し事もなく、何の脅かしもない。社会的距離もマスクもいらない関係です。ところが、人が神に背いたとき、シャロームは崩れてしまいました。創世記3章7節と8節を読んでみましょう。

こうして、ふたりの目は開かれ、自分たちが裸であることを知った。そこで彼らは、いちじくの葉をつづり合わせて、自分たちのために腰の覆いを作った。

そよ風の吹くころ、彼らは、神である主が園を歩き回られる音を聞いた。それで人とその妻は、神である主の御顔を避けて、園の木の間に身を隠した。

神に背いた結果、人は痛烈な負い目を感じました。善悪を知る木の実を食べること。これはただの失敗ではありません。意図的な反抗です。重大な結果を招くことを、軽々しく行うことほど邪悪なものはないかもしれません。

その結果、人間同士の間に、シャロームがなくなり、覆いをつけなくては向き合えなくなりました。そして神との間にシャロームがなくなり、木の間に身を隠さなくては、神に向き合うことができなくなりました。人は、神の前に正々堂々出て行くことができなくなりました。

シャロームがなくなったところに入り込んできたのは、力関係であり支配と抑圧でした。対等で平等な人間関係は失われました。男性と女性、親子、兄弟姉妹、人間同士、ありのままの姿で向き合い、受け入れ合うことができなくなったので、弱い方が強い方に支配されることになりました。

エジプトと言えば、ピラミッドで有名です。このピラミッドの形は、シャロームが失われた世界のシンボルと言っていいでしょう。しのぎを削り、強い者が上に立ち、底辺にある者を支配し、搾取する。そうやって世界を治めようとするのが神を見失い、シャロームを失った人間世界です。上に立った者が幸せかと言えばそんなこともありません。上に行くのに代償が要る。それは仲間を蹴落とし、孤独になるという代償です。

創世記に続く出エジプト記は、このピラミッドの底辺にいるイスラエルが、頂点に立つファラオの手から逃れる贖いの物語（第3の扉参照）。シャロームが失われた世界から、神が治められる世界、シャロームの世界へと脱出する物語です。神を中心にして、ピラミッド型のエジプトとは異なる社会を形成すること。これがイスラエルに与えられたミッションでした。これがシナイ山で結ばれた契約であり、その中心に幕屋と呼ばれる移動式神殿が建てられ、神の臨在（第5の扉参照）がそこに宿ったのです。ピラミッドではなく、フラットで、中心から外に向かう方向性をもった共同体が造られようとしていました。しかし、課題がありました。エデンの園で、人間が背いて以降、神の前に人は正々堂々立てなくなったという問題です。それは選びの民イスラエルでも変わりません。出エジプト記40章34節と35節を読みましょう。

そのとき、雲が会見の天幕をおおい、主の栄光が幕屋に満ちた。モーセは会見の天幕に入ることができなかった。雲がその上にとどまり、主の栄光が幕屋に満ちていたからである。

「臨在」という観点から言うと、神がここに来てくださったということは嬉しいことでした。しかし、「平和」という観点から言うと、ここに課題があるのです。「会見の天幕」と呼ばれるものなのに、モーセは入って行けないのです。神の栄光が強すぎて、進入禁止状態なのです。神とのシャロームが完全ではないことが示されています。ではどうすればいいのか。その課題に応えるためにあるのが出エジプト記に続く「レビ記」です。

レビ記1章1節には、こう書かれています。「主はモーセを呼び、会見の天幕から彼にこう告げられた。」

「会見の天幕から」と書かれていることに注意してください。英語で言えば「from」です。神は中にいて、モーセは外にいます。神と真向かいから会うことができない状態です。これを解消するにはどうすればいいか。それがレビ記の様々に定められたいけにえの儀式でした。とてもざっくり言えば、神に背いて以降の人間の在り方は、あまりにも神の基準からずれているので、神に対する負債、その罪は莫大なのです。その負債を自覚し、その大きさを認識すること、これが神に近づくために必要なことでした。その上でささげるいけにえはある意味で、借金の返済に似たものでした。

こうして、レビ記の規定に基づく礼拝が、幕屋で行われるようになります。そして、次の書物「民数記」に話が進みます。民数記1章1節も見てください。

エジプトの地を出て二年目の第二の月の一日に、主は、シナイの荒野の会見の天幕でモーセに告げられた。

今度は「会見の天幕で、」となっています。「in」です。このようにして、幕屋に入れるようになり、日ごとに、週ごとに礼拝がささげられ、礼拝の結びに、最初に開いたシャロームの宣言（アロンの祝禱）がされるようになったのです。神と民の間の負債は取り去られ、神が笑顔をもって民に出会ってくださった。それは「さあ行っておいで、わたしとあなたの間はシャロームになった。だからあなたも周りにシャロームを広げてくるのだよ！」そのように押し出されるようなことでした。

レビ記には、いけにえの話だけではなく、社会にシャロームを築き上げるための具体的な社会制度も教えられていました。その最たるものが「安息年」と「ヨベルの年」の定めです。レビ記25章1節から10節を読んでみましょう。

主はシナイ山でモーセにこう告げられた。

「イスラエルの子らに告げよ。

わたしが与えようとしている地にあなたがたが入ったとき、その地は主の安息を守らなければならない。六年間はあなたの畑に種を蒔き、六年間ぶどう畑の刈り込みをして収穫をする。七年目は地の全き休みのための安息、主の安息となる。あなたの畑に種を蒔いたり、ぶどう畑の刈り込みをしたりしてはならない。あなたの落ち穂から生えたものを刈り入れてはならない。あなたが手入れをしなかったぶどうの木のぶどうも集めてはならない。これは地のための全き休みの年である。地の安息はあなたがたに食物をもたらす。すなわち、あなたと、あなたの男奴隷と女奴隷、あなたの雇い人と、あなたのところに在住している居留者のため、また、あなたの家畜と、あなたの地にいる獣のために、その地の収穫はすべて食物となる。

あなたは安息の年を七回、すなわち、七年の七倍を数える。安息の年が七回で四十九年である。あなたはその第七の月の十日に角笛を鳴り響かせる。宥めの日に、あなたがたの全土に角笛を鳴り響かせる。あなたがたは五十年目を聖別し、国中のすべての住民に解放を宣言する。これはあなたがたのヨベルの年である。あなたがたはそれぞれ自分の所有地に帰り、それぞれ自分の家族のもとに帰る。」

神とのシャロームを与えられた民は、自然を搾取して食糧確保に躍起になる必要はないので、七年に一度、畑を休ませることができるはずでした。これによって、自然との間にもシャロームが広げられることになります。農園で働く従業員たちも、休ませることができ、シャロームが広がります。そして、五十年に一度のヨベルの年で、経済的な負債は、いっさい免除されることになりました。この日、奴隷に身を落としていた者は解放されて自由になり、手放してしまった畑は戻ってきて、やり直しができる、そのような制度です。これによって、貧富の差が無制限に拡大することを防ぐことができました。経済的にも、社会的にもピラミッド型にならずにシャロームのうちに生きていく。これがいけにえの儀式とセットで神とのシャロームを中心に歩むイスラエルの在り方になるはずでした。

承 ところが、予想通りと言うべきか、残念なことにと言うべきか。民は神を裏切りました。いけにえをささげる礼拝と、社会的なシャロームの実践は、切り離されてしまいました。礼拝は律法通り、社会はピラミッド型。これがイスラエルの進んだ道でした。預言者イザヤはこの有様を糾弾します。イザヤ書1章10節～17節を読みましょう。

聞け。ソドムの首領たちよ、主のことばを。

耳を傾けよ。ゴモラの民よ、／私たちの神のみおしえに。
「あなたがたの多くのいけにえは、／わたしにとって何になろう。
——主は言われる——
わたしは、雄羊の全焼のささげ物や、／肥えた家畜の脂肪に飽きた。
雄牛、子羊、雄やぎの血も喜ばない。
あなたがたは、わたしに会いに出て来るが、
だれが、わたしの庭を踏みつけよと／あなたがたに求めたのか。

もう、むなしいささげ物を携えて来るな。
香の煙、それはわたしの忌み嫌うもの。
新月の祭り、安息日、会合の召集——
わたしは、不義と、きよめの集会に耐えられない。
あなたがたの新月の祭りや例祭を、／わたしの心は憎む。
それはわたしの重荷となり、／それを担うのに疲れ果てた。
あなたがたが手を伸べ広げて祈っても、／わたしはあなたがたから目をそらす。
どんなに祈りを多くしても聞くことはない。

あなたがたの手は血まみれだ。
洗え。身を清めよ。
わたしの目の前から、／あなたがたの悪い行いを取り除け。
悪事を働くのをやめよ。
善をなすことを習い、／公正を求め、虐げる者を正し、
みなしごを正しくさばき、／やもめを弁護せよ。」

このような警告にもかかわらず、イスラエルは破滅の道を進みました。少し後の時代の預言者エレミヤもこのように言って警告します。

どうして、あなたがたは、
「私たちは知恵ある者、／私たちには主の律法がある」と言えるのか。
だが、見よ、書記たちの偽りの筆が、／それを偽りにしてしまった。
知恵ある者たちは恥を見、／うろたえて、捕らえられる。
見よ。主のことばを退けたからには、／彼らに何の知恵があろうか。
それゆえ、わたしは彼らの妻を他人に、／彼らの畑を侵略者に与える。

なぜなら、身分の低い者から高い者まで、／みな利得を貪り、
預言者から祭司に至るまで、／みな偽りを行っているからだ。
彼らは、わたしの民の傷を簡単に手当てし、
平安がないのに、／「平安だ、平安だ」と言っている。
彼らは忌み嫌うべきことをして、恥を見たか。
全く恥じもせず、辱めが何であるかも知らない。
だから彼らは、倒れる者の中に倒れ、
自分の刑罰の時に、よろめき倒れる。
――主は言われる。（エレミヤ書8章8～12節）

こうして、神とのシャロームを社会に広げることに失敗したイスラエルは、神とのシャロームをも失ってしまったのです。

転 けれども、神様はあきらめておられませんでした。もう一度、シャロームを回復する計画を立てておられたのです。そしてそのためにある人物が立てられます。主のしもべと呼ばれる人物です。イザヤ書53章4～10節を読みましょう。

まことに、彼らは私たちの病を負い、
私たちの痛みを担った。
それなのに、私たちは思った。
神に罰せられ、打たれ、苦しめられたのだと。
しかし、彼は私たちの背きのために刺され、
私たちの咎のために砕かれたのだ。
彼への懲らしめが私たちに平安をもたらし、
その打ち傷のゆえに、私たちは癒やされた。
私たちはみな、羊のようにさまよい、
それぞれ自分勝手な道に向かって行った。
しかし、主は私たちすべての者の咎を
彼に負わせた。

彼は痛めつけられ、苦しんだ。
だが、口を開かない。
屠り場に引かれて行く羊のように、

毛を刈る者の前で黙っている雌羊のように、
彼は口を開かない。
虐げとさばきによって、彼は取り去られた。
彼の時代の者で、だれが思ったことか。
彼が私の民の背きのゆえに打たれ、
生ける者の地から絶たれたのだと。
彼の墓は、悪者どもとともに、
富む者とともに、その死の時に設けられた。
彼は不法を働かず、
その口に欺きはなかったが。

しかし、彼を砕いて病を負わせることは
主のみこころであった。
彼が自分のいのちを
代償のささげ物とするなら、
末永く子孫を見ることができ、

　主のみこころは彼によって成し遂げられる。

神との間にある大きな負債を、自分のいのちをもって支払い、シャロームを回復する。それが主のしもべによって達成させられるとイザヤは預言しました。そして、このしもべこそ、イエス・キリストなのです。イエスの十字架こそ、神のシャロームを回復する最後の切り札として、神が用意してくださったものでした。ルカの福音書23章44～45節を読みましょう。

　さて、時はすでに十二時ごろであった。全地が暗くなり、午後三時まで続いた。太陽は光を失っていた。すると神殿の幕が真ん中から裂けた。

イエスの死によって、神殿の幕が裂けました。レビ記の律法では、人は神の幕屋に入ることはできましたが、一番奥の部屋は、分厚い幕で仕切られており、自由に出入りすることはできませんでした。それは、いけにえによる負債の返済が、まだ終わっていないこと、足りないことを意味しました。しかし、イエスの十字架で幕が裂けたことにより、負債は完全に支払われたことがわかりました。

ヨハネの福音書19章30節には、十字架上のイエスの最後のことばが記されています。「イエスは酸いぶどう酒を受けると、『完了した』と言われた。そして、頭を垂れて霊をお渡しになった。」

「完了した」とは「完済した」とも訳せる言葉です。もう、人と神を隔てる負債はなくなった。全部支払った。その宣言です。

結 そして、イエスはよみがえりました。そしてよみがえったイエスが、弟子たちに、私たちに何を言われるか。もう予想ができるのではないでしょうか。ヨハネの福音書20章21～23節を読みましょう。

イエスは再び彼らに言われた。「平安があなたがたにあるように。父がわたしを遣わされたように、わたしもあなたがたを遣わします。」こう言ってから、彼らに息を吹きかけて言われた。「聖霊を受けなさい。あなたがたがだれかの罪を赦すなら、その人の罪は赦されます。赦さずに残すなら、そのまま残ります。」

ここでもう一度、シャロームを生きるように、シャロームを広げていくようにとの宣言が出されます。息を吹きかけるイエスの姿は創世記2章で最初の人間が造られるさまと重ねられています。そうです。ここから「新しい創造」（第1の扉参照）が始まったのです。私たちは、今、この神の物語の流れの中を生きているのです。

イエス・キリストの十字架によって、神と私たちの間には、完全なシャロームが打ち立てられました。それは、私たちがこのシャロームに支えられて、神とともに、シャロームを広げていくためです。

今、社会はシャロームを失って右往左往しています。聖書によれば、それはコロナ禍に始まったことではありません。そしてどのような時であっても、私たちは失われないシャロームを胸に、聖書のみことばに従い、愛と正義に生き、シャロームをつくるように招かれています。

平和をつくる者は幸いです。
その人たちは神の子どもと呼ばれるからです。（マタイの福音書5章9節）

聖書が解る10の扉
流れをとらえ、自分で読み通すために

2021年7月20日　発行

著　者　原　雅幸
印刷製本　日本ハイコム株式会社
発　行　いのちのことば社
〒164-0001 東京都中野区中野2-1-5
電話 03-5341-6922（編集）
03-5341-6920（営業）
FAX03-5341-6921
e-mail:support@wlpm.or.jp
http://www.wlpm.or.jp/

ISBN978-4-264-04281-5